100年後まで残したい

日本人のすごい名言

齋藤孝

アスコム

名言は心の砦《とりで》になります。
雪崩《なだれ》のように心が崩壊するのを食い止め、
漏電のように常にエネルギーが消耗されていくのを防ぎます。

――「はじめに」より

はじめに　――名言の力で「心の砦」をつくる――

歴史上の偉人たちも、みんな言葉に支えられていた

名言は心を支えてくれる。

心はうつろいやすく、今日は調子が良くても、明日にはどうなるかわかりません。予想外のことが起これぱパニックになるし、人との関係の中で傷つき、落ち込んでしまうこともあります。ストレスに強い人だって、３つ４つストレスが重なればやはりまいってしまいます。

フラフラと動きやすく折れやすい心だから、支えてくれるものが必要です。それが名言である、というのが本書の趣旨です。名言は、読んで「なるほど」と言って終わらせるのでなく、心の支えとして使うべきなのです。

日本の歴史をつくってきた偉人たちも、名言に支えられていました。

タフな精神力を持つイメージのある西郷隆盛が、逆境にあったとき何をしていたか。実は名言を書き写していました。

西郷は人生で2度、島流しされています。とくに2度目は過酷な環境でした。財産も没収され、島の牢獄で最低限の食物しか口にせずやせ細っていったといいます。見かねた土地の役人のはからいで座敷牢に移りましたが、普通なら心が折れてしまうような状況です。そこで西郷は、儒学者佐藤一斎《いっさい》の『言志四録《げんししろく》』（佐藤一斎が後半生40年にわたって思想・心得について著した書物。キレのある名言にあふれている）を熟読し、これはと思った言葉を書き写していたのです。

たとえば西郷が座右の銘としていた「智仁勇《ちじんゆう》」もその一つです。「智仁勇」とは儒学で言われる3つの徳のことで、智慧《ちえ》・思いやり・決断力を示しています。西郷はこれを目指す人格に位置付けて行動していました。つらい時期を乗り越えるだけでなく、人生のターニングポイントでの行動基準としていたのです。

『西郷《さいごう》南洲《なんしゅう》遺訓《いくん》　附　手抄《しゅしょう》言志録及《および》遺文《いぶん》』（西郷隆盛・著　山田済斎・編　岩波文庫）という本には、西郷が選んで抜き書きしていた『言志四録』の言葉が多く載っています。

西郷は本を読んで言葉を抜き書きし、引用し、血肉にしていた。するともう、佐藤一斎で

はなく、西郷の言葉のような感じがします。

言葉は最も実用性に優れた贈り物です。

夏目漱石は、多くの手紙を書いて言葉の贈り物をしました。

「根気づくでお出でなさい。世の中は根気の前に頭を下げる事を知っていますが、火花の前には一瞬の記憶しか与えて呉《く》れません」

これは、芥川龍之介に宛てた手紙の一節です。漱石はまだ若い芥川の才能を高く評価しており、いずれ偉い作家になるだろうと見込んでいました。そして、愛情のこもった手紙を書いているのです。「一瞬の火花のようなものに人は驚くかもしれないがそれだけです。根気よくやっていけばあなたは尊敬される人になりますよ」といった意味の手紙です。漱石はこの手紙の中で「牛になれ」とも言っています。我々はとかく馬になりたがるが、牛になって粘り強く、うんうんと押していきなさいと言います。

漱石からこんな言葉をもらったら、作家として立つことを目指す人は感動するに違いありません。他の文士たちに評価されなかったり、不遇のときがあったりしても「牛のように、根気よく押していくのだ」と思い、書き続けることができるでしょう。こういう言葉が支えとなったおかげで、私たちは芥川の素晴らしい小説を読むことができるわけです。

漱石が書いた手紙は２５００通以上も残っており、書簡集を読むと「漱石は偉いなぁ」と感心してしまいます。手紙を通じて人を励まし、褒め続けていたのです。素晴らしい教師だったと思います。『銀の匙《さじ》』が有名な中勘助《なかかんすけ》にも、励ましの手紙を送っています。無名だった中勘助の『銀の匙』を朝日新聞の連載に推薦したのは漱石でした。

心の支えになり、一生の宝物となるような贈り物は「言葉」です。そういう意味で、真に実用的なのです。

ＳＮＳにあふれる言葉が心を消耗させる

昔の日本人は、言葉を心の支えにすることを当たり前にやっていました。けれども、音読・暗唱文化が縮小していくとともに、名言の良さは忘れられていきました。

しかし、近年また名言に注目が集まっているように感じます。それは、**氾濫する言葉の中で「よりどころ」を見つけるのが難しくなっているからかもしれません。インターネットが発達し、ＳＮＳ全盛の現代には言葉があふれています。**

暴力的な言葉、ネガティブな言葉。一見正しいようだけれど、その正しさを押し付けてくるような言葉。**言葉に振り回されていると、エネルギーは消耗します。**いい言葉もあふれているけれども、その場だけでサーッと通り過ぎてしまう。自分の血肉にするように読むことは稀《まれ》でしょう。

「いいことが書いてあった気がするが、忘れてしまった」というのでは、まったく実用的でありません。その場でパッと使えなければ、言葉の価値は埋もれてしまうのです。

言葉を発信する側としても、名言の力が必要になっています。SNSに日常思っていることをアップしたり、LINEなどのコミュニケーションツールでやりとりすることが多い現代では、言葉を発信する機会が圧倒的に多くなっています。

それは常に評価にさらされることと紙一重です。「いいね!」の数、リツイートの数、相手からの反応。評価を前提に発信しようとすると、無意識に言葉を修正してしまいます。「こう言ったほうが、いいね!を押してもらえる」「逆に、炎上して注目してもらえる」。

そうやって少しずつ、修正した自分の言葉が自分の行動・人格にも影響を与えるのです。それは大きなストレスです。本来の自分、自分の人生というものを大切にしていないのですから。結局、発信するほどエネルギーを消耗していきます。

名言は心の砦《とりで》になります。雪崩《なだれ》のように心が崩壊するのを食い止め、漏電のように常にエネルギーが消耗されていくのを防ぎます。

名言を自分のものとするには、まずしっかり自分に刻み込むことが必要です。**「これは」と思う言葉に出合ったら、その場で声に出して何回か読みます。言葉の持つリズムとともに、身体で覚えるような感覚です。**

そして、日常生活の中で使っていく。引用したり、判断基準としつつ行動したりして、使うのです。そうする中で、名言は心を支えるものになっていきます。

30個の名言をきっかけに「マイ名言」を増やす

本書では、「１００年後まで残したい日本人の名言」というコンセプトのもと、名言を30個選びました。日本人なら、この30個は暗唱できるようになってほしい。言葉があふれ、言葉の価値がますます不安定になっていく時代だからこそ後世に語り継いでほしい、という言葉たちです。**全部覚えていただければ、30個の心の砦ができる**わけです。

各名言に「名言年齢」を記しているのも本書の特色です。時代を超えて日本人の心をと

らえ続ける名言から、いまの時代を反映して生まれた名言までそろっています。

言葉との向き合い方がわかったら、ぜひどんどん「マイ名言」を増やしていってほしいと思います。**自分なりにいいと思った言葉、いまの自分を助けてくれる言葉が「マイ名言」です。**「座右の銘」と言うとちょっと構えすぎてしまうし、「私のもの」というところが重要なので、そう呼んでいます。

テレビを見ていても、本を読んでいても、人との会話の中でも、ぐっとくる言葉に出合ったときは、そのまま流してしまうのではなく自分のものとしてください。メモをし、声に出して読み、実際に使うのです。

そうしているうちに、発信する言葉も変わってくることでしょう。偉人たちの名言のように、力があり、キレのある言葉、深みのある言葉を自分の言葉として発信することができるようになるはずです。

齋藤孝

100年後まで残したい　日本人のすごい名言　目次

第2章 背中を押してほしいとき

第3章 成長したいと願ったとき

第4章 人付き合いに悩んだとき

序章

いま日本人にとって名言とは

精神の強い人は、心に言葉を持っている

現代の日本人は、昔に比べて心が折れやすくなっているとよく言われます。私は大学や塾で長年にわたり若者に接していますが、それははっきりと感じるところです。

全体的には能力は高いし、誠実さもある。でも、周りからは些細《ささい》に見えるようなことで心をくじいてしまう。深く傷つき自信をなくしてしまう。社会人でも、上司の些細な注意でやる気を失い、会社を辞めてしまう人は多いと聞きます。

一方で、**活躍しているスポーツ選手などを見ると「なんてタフな心を持っているのだろう」「精神力があるなぁ」**と思います。

たとえばメジャーリーガーとなって活躍し続ける大谷《おおたに》翔平選手。２０１８年9月に右ひじの故障が見つかり、手術を受けなければならないことがわかると、ファンは嘆き悲しみました。ところが、まさにその手術を勧められた日に、大谷選手は２本のホームランを打ったのです。

競泳女子日本代表の池江璃花子《りかこ》選手は、２０１９年2月に白血病であることを公表しました。競泳のエース的存在であり、日本中に衝撃が走りました。そんな中、池江選手はツ

イッターで「率直な気持ち」としてこんなメッセージを発信したのです。「私は、神様は乗り越えられない試練は与えない、自分に乗り越えられない壁はないと思っています」。過酷な状況で自分の心をしっかりと保ち、前を向いて頑張る姿を多くの人が讃《たた》えました。池江選手の「乗り越えられない壁はない」といった言葉が象徴的なように、強い精神力を持った人は、前向きな言葉を心に持っているものです。

移り変わる心、ゆらがない精神

それでは、そもそも「心」とは何でしょうか。「精神」とはどういうものでしょうか。普段私たちは、「心」も「精神」も同じものを指す言葉であるように使っていることが多いと思います。しかし本当は別のものです。**「心」と「精神」を区別して考えることで、心を強く、折れにくくしていくことができる**のです。どういうことかご説明しましょう。

まず、**心は個人的なもの**です。私たち一人ひとりに違った心があり、しかも、日々移り変わります。昨日は心が軽かったけれど、今日は心が重いというように、必ずしも一定しません。4人の人が集まれば、4人の心の状態はそれぞれ違うのが当たり前です。

一方、**精神はある文化の中で生きる人が共通して持っているもの**です。武士が4人集まったとしましょう。この4人は武士の精神を共有しています。4人がバラバラに、たとえば一人は切腹できる、一人は絶対できない、2人は微妙ということでは、「本当に武士だろうか?」と疑問が出てくると思います。さらには、「昨日言ってくれれば切腹できたけど、今日はちょっとなぁ。明日なら何とかなるかもしれない」というように、日々移り変わることもありません。精神は文化として共有され、100年単位で残っていく、安定的な内容を持ったものなのです。

剣道をはじめとする武道には「礼に始まり礼に終わる」という言葉があります。勝てばいいわけではなく、礼節を重んじる武道の精神が重視されます。ですから、剣道で一本取ったときにガッツポーズをすると、その一本が取り消しになります。私は実際に試合で一本取り消しになった映像を見たことがあります。インターハイ出場をかけた試合の大将戦。この勝敗ですべてが決まる、というところで一本取って嬉しさのあまり小さくガッツポーズが出てしまった。すると、すぐさま審判が合議を行い、取り消しになってしまいました。相手を倒しても、剣道の精神ができていなければダメだというわけです。

精神は文化として共有され、受け継がれてきたものと考えると、私たちの心は精神という土台の上にのっかっているイメージです。精神の下にあるのは身体文化です。鏡餅《もち》なら、下の餅が身体文化、上の餅が精神文化、一番上の蜜柑《みかん》が心です。土台となる餅がしっかりしていないと蜜柑は転がり落ちてしまいますよね。

現代人の心が折れやすいのは当然です。受け継いできた身体文化、精神文化が少なすぎて、心を支える土台が小さいのです。

名言は精神文化の結晶であり、一つの花

精神を受け継ぐのは、言葉が中心になります。

キリスト教にはキリスト教の精神がありますが、ここまで広がり受け継がれてきたのは『聖書』があったからです。イエスは画期的な存在ではありましたが、聖書がなければ「ものすごい人がいたらしい」で終わってしまい、広がらなかったはずです。

儒教にしても、孔子の言葉を『論語』という書物にして残したから、２５００年前から連綿と受け継ぐことができました。「義を見てせざるは勇無きなり」（人としてなすべきことを知りながら、それをしないのは勇気がないのだ）といった、21世紀の私たちにも響く

言葉がたくさん残っています。

武士道で言えば、「武士道と云《い》ふは死ぬ事と見つけたり」という有名な言葉があります。これは武士道の中で受け継がれている精神を、山本常朝《じょうちょう》が『葉隠《はがくれ》』の中で語ったものです。インパクトのある一文ですから、『葉隠』を読んだことはなくても言葉は知っているという人は多いでしょう。武士は早く死ぬものだという意味ではありません。『葉隠』が書かれた江戸時代は平和な世の中。武士は戦《いくさ》をすることはほとんどありません。そうした中でも、「生きるか死ぬかのような場面では死ぬほうを選べ。そういう覚悟で生きれば、自分に与えられた使命、役割をまっとうすることができる」といった意味です。

後世の人も、こうした言葉を丁寧にたどっていけば「なるほど武士道とはこういうものか」とわかり、感動します。

当然ながらこれは山本常朝が一人で思いついて言葉にしたわけではなく、武士たちに共有されていたものです。それが「武士道と云ふは死ぬ事と見つけたり」という名言として受け継がれていったわけです。

そう考えると、**名言とは一人の傑出した人物によって突然発生するというより、精神文化の結晶として表れるものだと言えます。**偉人たちが残した言葉も、その時代の精神文化の一つの花なのです。

「日本人の心」とは、受け継がれてきた精神文化

武士道はいかにも「精神」という感じがしますが、百人一首のような和歌にも精神が表れています。たとえば月を見るとちょっと寂しくなる、という気分がありますね。「月見れば　ちぢにものこそ悲しけれ　わが身一つの　秋にはあらねど（大江《おおえの》千里《ちさと》）」（月を見るとさまざまに心乱れて、悲しさを感じる。私一人のための秋というわけでもないのに）のように、秋には月を見て、なんとなく物悲しい気持ちになるという精神文化があるのです。狼男のように月を見てテンションが上がるとか、他の気分になってもいいようなものですが、日本においては悲しい気分になる文化があり、それが受け継がれています。

和歌は詠む人の個人的な心を表現していますが、その歌一つで成立しているわけではありません。**先人の歌を尊重し、元の歌を意識しながら重ねていくものです。ですから、ここにも文化があり、歴史の積み重ねがあります。**

お花見の風習も、和歌などを通じて受け継がれてきた精神文化です。今も卒業のシーズ

ンには桜の歌が多く歌われます。桜が咲き、散ってゆくのを見て何か感じるところがあるのは、日本人の「精神」であるわけです。「日本人の心」とは精神文化を指しているのです。

声に出して読み、身につくまで練習する

かつての日本人は、剣術の修行と古典を読むことの両方をしっかりやっていました。つまり、身体文化と精神文化を受け継ぎ、身につけていたのです。身体も鍛えられて中心軸ができているし、心のよりどころとなるような言葉を多く持っていた。ですから、心のブレは少なかったはずです。

たとえば「天は人の上に人を造らず人の下に人を造らず」という名言を残し、「文明開化」の担い手でもあった福沢諭吉は居合《いあい》の達人でした。「立身《たつみ》新流《しんりゅう》」という流派の居合を熱心に学び、一日に千本もの居合抜き（刀を鞘《さや》から抜いて敵を斬る動作をすること）の稽古を晩年まで欠かさなかったそうです。また、読書家でもありました。『春秋《しゅんじゅう》左《さ》氏《し》伝《でん》』（孔子編纂《へんさん》とされる歴史書『春秋』の代表的な注釈書）を11回も通読し、面白いところは暗記していたといいます。身体文化と精神文化がセットになって、福沢の心を支えてきた

ことがうかがえます。

精神文化を身につける方法の一つとして、江戸時代から行われていた「素読《そどく》」がありま す。文字を声に出して読むことです。江戸時代の寺子屋では、『論語』の素読を現在の小学1年生くらいからやっていました。「巧言令色鮮し仁《こうげんれいしょくすくなしじん》」「己の欲せざる所、人に施すこと勿《なか》れ」といった言葉を声に出して読み、覚えていたのです。**言葉は暗唱すると非常に実用的になります。**「己の欲せざる所、人に施すこと勿れ」を心に刻み込んでいると、折に触れて「これは自分がやられたら嫌だからやめておこう」と判断ができます。この言葉が自分を正してくれるのです。

なお、『論語』の中で孔子は弟子とこんなやりとりをしています。

「先生が一生を懸けて行うこと、目標としていることを、一言でいうと何になりますか?」

「恕《じょ》(寛容さ、思いやり)かね。つまりは己の欲せざる所、人に施すこと勿れだね」

「ああ、そういうことですか」

「いや、でもね、おまえなどには一生懸けても、なかなかできることではないよ」

わかった気になるだけではなく、実践が大事だということです。

ですから、本当に大切なのは**言葉が身につくまで練習すること**です。まずは**暗唱して言**

葉を自分のものにし、その言葉で実践する。言葉で鍛錬して自己を鍛えるといったイメージでしょうか。

身体に刻み込んだ言葉とクラウドの違い

ニーチェは『ツァラトゥストラ』の中で「読書する怠け者を憎む」と言っています。

書かれたもののなかで、俺が愛するのは、血で書かれたものだけだ。血で書け。すると、血が精神であることがわかるだろう。
知らない血を理解するのは、簡単にできることではない。読書する怠け者を、俺は憎む。

(『ツァラトゥストラ』ニーチェ・著　丘沢静也・訳 光文社古典新訳文庫)

ニーチェは自分の言葉を自分の血で書いているくらいの気概なのです。それなのに、読んでわかった気になっているだけの人は怠け者だというわけです。もっと肝に銘じるように読まなければならないということでしょう。内臓に刻むくらいの感じです。そうして初めて、血で書かれた言葉が読む人の血肉になるのです。

いわばこの対極にあるのが、クラウドです。情報をネットワークでつながった先の「どこか」に保存しておいて、必要なときに引っ張ってくる。慣れてくると、役に立ちそうと思ったことは、とりあえずクラウド上にぽんぽんと投げておけば安心します。名言にしても、気になった言葉をリストにして、いつでも見ることができるようにしておくのは簡単でしょう。しかし、**クラウド上の言葉が血肉になることはありません。**

これだけインターネットが発達していると、知識を覚えておく必要はないという人がいますが、私はそうは思いません。**検索して見つけることができるのと、自分の一部になっているのとでは全然違います。**覚えているからこそ、とっさの場でも判断の材料とすることができます。あらゆる場面で使うことができるのです。

名言を身につけるコツは、どんどん引用することです。**心の中でただ唱えているだけではなく、文脈に合わせて名言を引いてきて、自分の言葉ともつなげてみる。そうやって日常の中で使います。**

引用すると、人の言葉なのに自分の言葉のように感じられます。もともとその言葉を言った人の精神と自分の精神がつながり、過去から現在、そして未来へと続く精神の系譜のようなものができて強くなった気がします。

極端に言えば、本を１００冊読んで一言も引用できないより、１冊だけ読んで一つでも引用できるほうが価値があるのです。自分の生き方に関わる言葉のあり方ということです。

名言の持つ普遍性、リズムの良さ

引用して使うことを考えると、名言の中でも引用しやすいものを覚えておくのは一つのワザです。**引用しやすさの要素には、まず「本質的であること」があります。本質をついた言葉だから、国や時代を超えて人の心をとらえ、名言として残っている**のです。

「あなたたちの中で罪を犯したことのない者が、まずこの女に石を投げなさい」というのは、聖書に出てくるイエスの言葉です。律法学者とパリサイ人たちが姦通罪で捕らえられた女をイエスの前に連れてきたときのこと。古い律法では姦通罪は石打ちの死刑でした。パリサイ人たちは、「あなたはどう思いますか」とイエスに質問し、訴える口実を得ようとしていたのです。ところが、イエスの言葉を聞いて石を投げることができる者はおらず、みんな立ち去りました。
イエスのこの言葉は特殊な状況で、特定の人たちに向かって投げられたものです。しかし、いま私たちが聞いてもドキッとしますね。有名人がスキャンダルなどで強烈にバッシングされるなど、何か非を見つけては叩く人たちが多いように見える昨今ですが、本当に自分には罪がないのか？　と胸に手を当てて考えてみれば、SNSでもめちゃくちゃなことは書き込まなくなるでしょう。「あなたたちの中で罪を犯したことのない者が、まずこの女に石を投げなさい」という言葉は、現代にも通用するのです。

言葉としてのキレの良さ、リズムの良さもポイントです。

山本五十六《いそろく》の名言「やってみせ　言って聞かせて　させてみて　褒めてやらねば　人は動かじ」は七五調でリズムが良く、つい覚えてしまいます。内容もさることながら、このリズムだからこそ言いたくなる、使いたくなるという面はあるでしょう。
小林多喜二《たきじ》の「闇があるから光がある」にしても、言葉のキレが非常にいい。短い言葉の中で闇と光を対比させ、シンプルに言い切っています。

本書の名言に「名言年齢」を入れた理由

本書では、日本人の精神を伝える、１００年後にも色褪《あ》せない本質的な内容を持ち、言葉としての魅力を兼ね備えた名言を30個選出しています。日常の中で引用して使うことができる、実用性の高い名言です。

一つひとつの言葉に**「名言年齢」の記載をしているのは、古い言葉、新しい言葉、それぞれの良さを味わってほしいから**です。時代の近い言葉はスッと入ってくるのに対し、古い言葉はよく噛《か》みしめて味わうことが必要かもしれません。それも良さです。ですから、その言葉の普遍性や実用性の証として、どのくらいの年月、歴史を超えて受け継がれてきたのかを、「名言年齢」で一目でわかるようにしました。名言が発表された年を「生まれた」年として、２０１９年現在何歳になるのかを示しています。発表された年が確定できない場合は、発言者の没年などから数えて「約○歳」と表記しました。

日本人の名言に絞ったのは、日本の精神を受け継ぐ言葉をいま一度刻み込み、心のよりどころにしてほしいとの想いからです。

それでは次から早速、名言を味わい、自分のものにしていきましょう。

第1章

心が折れそうなとき

マイナスに振り切ってしまう前に

心が折れそうなとき、まず重要なのは「そろそろやばいな」と自分でわかることです。若い人はあまりご存じないかもしれませんが、竹ひごを使って凧《たこ》を作るとき、その竹ひごをしならせます。しなやかに反る骨の入った凧が、風を受けてよく飛ぶからです。空高く美しく飛ぶ凧をイメージしながら、竹ひごに負荷をかけてしならせる。しかし、負荷をかけすぎるとポキッと折れてしまいます。

自分の心も、成長したり跳躍したりするためには強くあってほしいところですが、一気に負荷をかければポキッと折れてしまいます。**折れる前に自分で「そろそろ戻さなければまずい」と気づくことが大切**なのです。

わかれば何らかの対処ができます。美味《おい》しいものを食べる、ゆっくりお風呂につかる、思いきり歌うなど自分なりのストレス発散法でリセットするのもいいでしょう。好きなものに熱中したり、放浪の旅に出たりして自分を見つめ直すのもいいかもしれません。もちろん、信頼できる人に話を聞いてもらう手もあります。

私自身は呑気《のんき》な性格ではありますが、幅広く仕事をしている中で、たまにショックを受けることがあります。「まさか」と思うようなことが起こり、ダメージを受けるわけです。そういうとき、私は鰻《うなぎ》を食べるようにしています。普段は食べないようにしておいて、つらいことがあったときにバーンとお金を使って鰻にする。そうやってマイナスを相殺しています。

どんな方法にせよ、ニュートラルな状態に戻すことができればいいのです。人間誰しも落ち込んだりネガティブになったりするときはあります。ただ、それがマイナスに振り切ってしまって本当に心が折れてしまうと、なかなか元の生活に戻れません。エネルギーが湧いてこないし、何よりつらい。

近年、心理学の分野でレジリエンスという言葉が注目されるようになっています。レジリエンスは、「弾力性」や「回復力」と訳すことができます。もともとは物理学の用語で、ストレス（外的な圧力）を跳ね返す力といった意味です。そこから、この概念は心理学だけでなく組織論や安全工学、リスク管理の分野などにも応用されるようになりました。

人や組織が逆境や試練を乗り越えて生き延びるには、単純な強さ、頑丈さというより、「しなやかさ」が必要だという考え方です。凧の骨格となる竹ひごのように、しなやかにしなり、曲げても元に戻る力があることが大切なのです。

ですから、むやみに心が折れてしまうのを防ぐには、まずは自分自身のストレス耐性を知り、「そろそろやばい」と気づいて対処すること。そして、ストレス耐性自体を徐々に強化し、しなやかさを身につけること。この2つが重要だと思います。

どうでもいいことは「どうでもいい」と見切ること

どんなストレスに弱いかは人それぞれです。たとえば人に会いすぎると疲れてしまうという人もいます。そういう人は無理せず、人付き合いを一度減らして体力を温存したほうがいいでしょう。そして、少しずつ人と会うようにします。「今日は3人と話せたからOK」と考える。「みんなは人とたくさん会って楽しそうにしているのに、自分は……」と落ち込む必要はありません。他の人は別のストレスに弱いかもしれないし、比べることに意味はないのです。大事なことは自分の人生を豊かに生きることです。

「自分の人生を豊かに生きるのだ」と考えると、些細《ささい》なことに振り回されてエネルギーを消耗するのはもったいないと感じます。小さなことにはこだわらず、エネルギーを集中すべきところに集中したほうがはるかにいいはずです。
世間体や他人の評価はそんなに大切だろうか？
過去の失敗など、もうどうにもならないことを考えるのに時間を割くのは得策だろうか？

どうでもいいことは「どうでもいい」と見切ることも大事です。

冷静になってみれば、考え方を変えてつらさから脱出できそうなものですが、いっぱいいっぱいになっているときは冷静になること自体が難しい。他人には「まぁまぁ、留年が決まったくらいで落ち込むなよ。人生長いんだから」などと言えるのですが、本人は「人生終わり」みたいな顔をしていることはよくあります。まずはゆっくり呼吸をして、落ち着いて。それから何ができるか考えてみるしかありません。落ち着いて考えてみれば、だいたいのことは何とかなるものです。**逆境や試練をどうとらえるかは「心の持ちよう」。**心の持ちよう如何《いかん》で、落ち着いて対処できるかどうかも変わります。

心の持ちようを強化するには、言葉のパワーを借りるのが近道です。ここで紹介するような名言は、実際に多くの人たちの心を惹《ひ》きつけ、支えてきました。「マイ名言」として持てば、頼もしい味方になるでしょう。

「これでいいのだ」の力

たとえば赤塚不二夫の名言「これでいいのだ」。歴史的ギャグ漫画『天才バカボン』に出てくる、バカボンのパパの決めぜりふですね。「自分の失敗で親に迷惑をかけてしまった。なんて自分はダメなんだ……」と思い悩んでいたとしても、**バカボンのパパだったら「これでいいのだ」と肯定してしまうでしょう。**さっさと次の行動に移るはずです。しかも、バカボンのパパのめちゃくちゃぶりを見れば、自分の失敗なんてありふれたつまらないものに思えてきます。

バカボンのパパの生みの親、赤塚不二夫も、言わばバカボンのパパを生き方のモデルにしていたようなところがあります。ギャグ漫画のようなエピソードは枚挙にいとまがありません。葬儀ではタモリさんが弔辞《ちょうじ》を読み、感動的な内容で話題になりました。その中には、こんな言葉がありました。

あなたの考えはすべての出来事、存在をあるがままに前向きに肯定し、受け入れることです。それによって人間は、重苦しい陰の世界から解放され、軽やかになり、また、時間は前後関係を断ち放たれて、その時、その場が異様に明るく感じられます。この考えをあなたは見事に一言で言い表しています。すなわち、「これでいいのだ」と。

悟りの境地のようですね。『天才バカボン』はナンセンスギャグ漫画ですが、仏教との関連性を指摘する人も多くいます。「これでいいのだ」というシンプルな名言の背景には、赤塚不二夫の生きざまとともに、哲学的とも言える思考があるのです。

また、徳川家康の人生に学ぶこともできます。長い不遇の時代を乗り越え、焦らず時が来るのを待ち、60歳を過ぎてついに天下統一を果たした家康。**頑張っていることの成果がなかなか出ずに心が折れそうだという人も、家康に比べれば「まだまだ」と思えるのではないでしょうか。**家康は「人の一生は重荷を負《おう》て遠き道を行くが如《ごと》し　いそぐべからず」という名言を残したとされています。

先人たちが残してくれた言葉は、折れそうな心を支えてくれます。こうした頼もしい支柱を使いながら、少しずつ心を強化していきましょう。

名言年齢

15歳

『水木サンの幸福論』(水木しげる・著　日本経済新聞社)より

なまけ者《もの》になりなさい。

水木しげる

漫画家。1922生-2015没。徴兵でラバウルに送られ、激戦地で左腕を失うも九死に一生を得て生還。戦後、『ゲゲゲの鬼太郎』『河童の三平』『悪魔くん』などで人気漫画家となる。世界各地を回り妖怪研究家としても精力的に活動。

後世まで名を残すような、大きな仕事をする人の中には「自分は怠け者だった」という人が少なからずいます。若い頃からさぞや熱心に学び続けてきたのだろうと思うと、そんなこともないと言うのです。言ってみれば、本質的なことに集中するため、どうでもいいことにはエネルギーを使ってこなかったということでしょう。それは本人にとって本質的でないだけで、周りには「重要なこと」に見えている場合もあります。たとえば、集団の規律を守るとか宿題をするとかは、重要なことと認識されます。とくに日本では、人から言われたことや世間から期待されていることを丁寧にやる人を評価する風潮があります。

一方、**自分の好奇心を優先し、主体的に見つけた課題に対してだけエネルギーを投入していく生き方というのは、一見「不真面目《まじめ》」かもしれません。でも、そうやってエネルギーを一気にそそいで行うから、大きな仕事ができるのです。**

漫画界の巨匠、水木しげるはその典型。好奇心に任せて、妖怪やおばけの世界を追究して漫画にし、日本中の子どもたちに伝えました。妖怪は日本において古来から伝承されてきたものですが、現代を生きる私たちがこれほど妖怪に親しんでいるのには、間違いなく水木しげるの功績があります。怖いもの、おどろおどろしいものというだけでなく、どことなくユーモラスで親しみやすいイメージをつけてくれました。

想像を絶する苦難をかいくぐってきたなまけ者

人気アニメとなった『ゲゲゲの鬼太郎』の主題歌には、「たのしいな　たのしいな　おばけにゃ学校もしけんもなんにもない」という歌詞があります。多くの子どもたちがこの歌を口ずさみ、「おばけはいいなぁ」などと思ったりしたものです。

ここに出てくるおばけは、水木しげる自身でもあるのでしょう。よく食べ、よく寝て、呑気な水木しげるは幼少の頃言葉も遅く、小学校への入学も1年遅れにしました。入学後は毎日朝寝坊をして遅刻。算数は0点。15歳で就職しても、失敗ばかりですぐにクビ。好きなことにはわき目もふらずに熱中するから、世間並みの成績をとるためのエネルギーを残しておかなかったということかもしれません。

職を転々としながら、大好きな絵を描くことに没頭する日々が続きますが、どうにもそれを許してくれない状況になります。戦争です。水木しげるは21歳で軍隊に入隊し、ラバウルに送られました。ちょっとしたことで殴られるような厳しい軍隊での生活です。しかもラバウルは激戦地。常に死と隣り合わせの恐怖の中では、絵を描くどころではありません。爆撃で左腕も失いましたし、本当に想像を絶するような苦難を経験しているのです。

生還後、紙芝居や漫画で生計を立てますが、作品が評価されて人並みの暮らしができるようになったのは40歳を過ぎてから。『ゲゲゲの鬼太郎』『河童の三平』『悪魔くん』などヒットを飛ばし、一躍人気漫画家となります。そして、93歳で亡くなるまで描き続けます。90歳を超えて新連載を始めたというのですから驚きです。

ときどきなまけ者になることが、幸福の秘訣

「なまけ者になりなさい。」は、そんな水木しげるの代表的な言葉であり、「幸福の七カ条」のうちの一つ。「幸福の七カ条」とは、水木しげる自身が世界中を旅して幸福な人、不幸な人を観察してきた体験から見つけ出したというものです。

幸福の七カ条

第一条　成功や栄誉や勝ち負けを目的に、ことを行ってはいけない。
第二条　しないではいられないことをし続けなさい。
第三条　他人との比較ではない、あくまでも自分の楽しさを追求すべし。
第四条　好きの力を信じる。
第五条　才能と収入は別、努力は人を裏切ると心得よ。

第六条　なまけ者になりなさい。
第七条　目に見えない世界を信じる。

世間一般の成功や勝ち負けではなく、自分自身の「好き」や好奇心を大切にして生きていくあり方がよく表れている七カ条です。「努力は人を裏切らない」とよく言いますが、水木しげるは「努力は人を裏切る」と言います。努力したからといって必ず報われるわけではないし、才能があるからといってお金持ちになれるとは限らない。でも、**世間から評価されなくても、好きなこと、楽しいことに熱中すること自体が喜びであり、幸せなのです。それを忘れなければ、愚痴を言うこともないし、悲壮感を漂わせることはありません。**

とはいえ、ときにつらいと感じることもあるでしょう。自分の好きな道に進んでいても、なかなか評価してもらえない、努力に見合う収入につながらないことはよくあります。だから、**ときどきはなまけることが必要だと言います。そうしなければ、乗り越えるパワーが湧いてきません。とくに中年期以降は愉快になまけるべきなのです。**若い頃はなんとかなっても、だんだん身が持たなくなりますから。

売れっ子漫画家となって多忙を極めた水木しげるの「なまけ術」は、世界中の楽園や妖怪の棲《す》み処《か》を訪ねる「世界妖怪紀行」でした。面白い場所を見て回り、祭りに参加し、その地に太古から伝わる踊りがあれば、輪に加わって奇声を発したりして楽しむのです。

ダラダラと寝て過ごして、疲れをとるわけではないのですね。両目を開けていると愉快すぎて疲れてしまうから、片目をつぶって休ませることもあるのだとか。この「なまけ術」が長寿の秘訣でもあったのではないでしょうか。とにかく心から好きなこと、楽しいことに向かっているわけです。

現代を生きる私たちが疲れやすいとしたら、それは世間の評価を気にしすぎるからかもしれません。好きなことをやっていても、人の目が気になってしまう。「いいね！」の数が気になるし、フォロワーの数が気になる。そのぶんエネルギーを消耗してしまうのです。

七カ条の最後は「目に見えない世界を信じる」。自分たちだけの力で生きているわけではないという、大きな世界観です。なまけ者でちょっといいかげんなおばけや妖怪たちも一緒に暮らしているような世界で、ときどき自分もなまけながら好奇心を全開にして生きていくことができれば、とても豊かで幸福なことではないでしょうか。

「なまけ者になりなさい。」は名言年齢としては本書の最年少ながら、日本古来からの妖怪とつながっているような感じもする奥深い言葉ですね。

名言年齢

82歳

『厄除け詩集』（井伏鱒二・著　講談社文芸文庫）より

「サヨナラ」ダケガ人生《じんせい》ダ

井伏鱒二

作家。1898生-1993没。1929年「山椒魚《さんしょううお》」等で文壇に登場する。独特のユーモアとペーソスを含む作風で作家としての地位を確立した。代表作に『ジョン万次郎漂流記』『本日休診』『黒い雨』など。1966年文化勲章受章。

人生は出会いの連続ですが、別れの連続でもあります。生きていればさまざまな別れを経験します。

転校、転勤、転職。恋人との別れ。別居や離婚。死別。ペットとの別れ。家に犬が来たときは、「かわいいね」くらいのものだったのが、何年も一緒に過ごしたのちにお別れのときがきたら、それはもう、大変な痛みがあります。

別れは、つらく、さみしい。しかし、別れは一種の儀式ととらえることもできます。見ないようにしたり何となくやり過ごしたりするのではなく、味わうことも人生を豊かにする技法だと思います。たとえば、卒業式を思い浮かべればわかりやすいでしょう。卒業は別れです。当然、さみしさがある。同時に、新たな人生の門出ともなる祝祭です。「さようなら」と手を振って、先生や友人たち、これまでの生活と別れ、旅立っていくのです。

私自身が小中高、大学と卒業してきたのはもちろんのこと、私は大学の教員をしていますので今も毎年卒業式を間近で見ています。卒業式はいいものです。明治大学では毎年、3月26日に日本武道館で卒業式をします。式を終えた学生が校舎に戻ってくると、私は各学生と思い出話をします。「あのとき、あんな発表をしたよね」などと話すのです。懐かしさがこみあげ、うるっときます。そして一緒に記念撮影をします。この別れのときを味わうのが、私はとても好きです。

井伏鱒二の「『サヨナラ』ダケガ人生ダ」は、そんな別れの祝祭的側面を感じさせてくれる名言です。

もともとは唐代の詩人、于武陵《うぶりょう》による「勧酒《かんしゅ》」という五言絶句を井伏鱒二が訳したものです。

勧酒　　　于武陵
勧君金屈巵
満酌不須辞
花発多風雨
人生足別離

コノサカヅキヲ受ケテクレ
ドウゾナミナミツガシテオクレ
ハナニアラシノタトヘモアルゾ

「サヨナラ」ダケガ人生ダ

友人との別れに際し、最後の酒を酌《く》み交わしている情景が思い浮かびますね。「さあ、遠慮するな。最後なんだから飲んでくれ」と。

後半の「花発多風雨　人生足別離」は、一般的に「花が咲けば雨が降ったり風が吹いたりするように　人生には別れがつきものだ」といったような意味にとれます。それを「花に嵐のたとえもあるぞ／『さよなら』だけが人生だ」とした井伏鱒二の訳は、まさに名訳です。この言葉でなければ、これほどまでにインパクトを与えなかったでしょう。

「『さよなら』だけが」と言いたくなるほど、人生には別れがあり、痛みがあるけれど、それをむしろ迎え撃つ言葉。別れを祝祭にする力のある言葉です。

人生を支えてくれた名言へ、寺山修司の挑戦状

この言葉を愛し、心の支えにしていた人がいます。寺山修司です。歌人、劇作家、映画監督、写真家、エッセイストなど多彩な顔を持って活躍し、若者たちの心をとらえ続けた寺山修司にとっての、最初の名言が「『さよなら』だけが人生だ」でした。『ポケットに名

言を』（角川文庫）の中で、このように言っています。

私はこの詩を口ずさむことで、私自身のクライシス・モメントを何度のりこえたか知れやしなかった。「さよならだけが人生だ」という言葉は、言わば私の処世訓である。

さらには、この言葉を受けて「幸福が遠すぎたら」という詩を書いています。「さよならだけが人生ならば／また来る春は何だろう」から始まり、「さよならだけが人生ならば／人生なんていりません」で締めくくるこの詩は、井伏鱒二へのアンサーソングのようなものでしょう。「さよならだけが人生ならば／人生なんていりません」というと、一見、「『さよなら』だけが人生だ」を否定しているようですが、この言葉を嚙《か》みしめ、支えにしてきたからこそ、今度はそれを乗り越えようとする、そんな挑戦状のようにも思えます。言葉の達人同士のハイレベルなぶつかり合いです。それほど、「『さよなら』だけが人生だ」という言葉に力があったということなのです。

別れの儀式をすることで次へ進む

「さよなら」の語源は、「左様なら」です。「左様なら（＝そういうことなら）、これにてご免」といった言い方から、「左様なら」の部分が別れの挨拶になったのです。「さらば」も同じです。そう考えると、**「さよなら」という言葉自体、別れの状況を受け入れる潔さや覚悟のようなものが感じられます。**

人は、別れを経験するたびに強くなっていくものだと思います。卒業が一つのステップであるように、区切りをつけることで次の段階へ行けるのです。私は、ある女性が別れた男性の写真を次々に燃やす現場に立ち会ったことがあります。「本当に燃やすんだ！」と驚きましたが、彼女はそうやって区切りをつけていたわけです。好きだった人だけれど、彼は結婚することになった。「そういうことなら」と、写真を燃やした。そのメラメラと燃える様子を見ながら「ああ、これが『さよなら』だけが人生だ、なのか」と思うわけです。

人との別れだけではありません。自分の夢と決別することだってあるかもしれません。たとえばずっと歌手を目指していたけれど、違う道に進むことにした。そういうことなら、と楽譜を捨てる。別れの儀式をすることで、次へ進むのです。

人生に別れはつきもの。別れを祝祭にする「『サヨナラ』ダケガ人生ダ」は、この先も私たちの心を支えてくれるに違いありません。

名言年齢

約152歳

「詠草二 和歌」(京都国立博物館蔵)より

世《よ》の人《ひと》は
われをなにとも　ゆはばいへ
わがなすことは　われのみぞしる

坂本龍馬

江戸時代末期の志士。土佐藩郷士《ごうし》。1835生-1867没。1862年、脱藩して勝海舟門下に入る。薩長同盟の成立に尽力するなど倒幕と明治維新に関与した。大政奉還《たいせいほうかん》実現に向けて「船中八策」を立案するが、京都・近江《おうみ》屋で暗殺される。

歴史上の人物の人気投票をすれば、必ずベスト3に入るスターが坂本龍馬です。小説、映画やドラマにも繰り返し取り上げられ、多くのファンがいることがうかがえます。

坂本龍馬といえば、薩長同盟に尽力したこと、大政奉還《たいせいほうかん》実現に向けた「船中八策《せんちゅうはっさく》」を立案したことが主な歴史的業績です。明治維新に向けた大きな活躍ではありますが、その業績に比べてもちょっと人気が高すぎるのではというくらいです。それは、生き方に憧れるからなのでしょう。龍馬は常に恐れずチャレンジし、若々しい青年の覇気を持つイメージがあります。しかも、物事をよく見ており、合理的思考も持ち合わせている。とても魅力的な人物なのです。龍馬誕生の地、高知市上町《かみまち》にある「龍馬の生まれたまち記念館」を訪れたとき、来館者が書くことができるノートが置いてあるので何気なく開いてみると、龍馬に対する思いが綴《つづ》られていました。その文章の熱いこと。龍馬について本当によく勉強しているし、生き方に共感・憧れていることが伝わってきました。

「世の人は　われをなにとも　ゆはばいへ　わがなすことは　われのみぞしる」は、龍馬が遺した言葉の中で最も有名なものの一つでしょう。「世間の人には好きなように言わせておけばいい。自分のすることは自分にしかわからない」といった意味です。人に流されず、信念を貫く龍馬の覚悟、気概にあふれた句です。

土佐藩を脱藩した龍馬は、勝海舟の弟子になります。もともと攘夷《じょうい》思想を持っていた龍馬は、開国派に見える勝を快く思っていませんでした。しかし、勝が語る世界情勢と日本の近代化の必要性に感服し、弟子入りするのです。「天下無二の軍学者勝麟太郎《りんたろう》という大先生に門人となり、ことの外《ほか》かわいがられ」という内容の手紙を、姉の乙女《おとめ》に送っています。ちょっと子どもっぽさもある、かわいい手紙ですね。龍馬は旅先から乙女によく手紙を書いており、これらの書簡集を読むと龍馬の人となりが伝わってきます。

「日本を今一度せんたくいたし申候《もうしそうろう》」も有名な言葉ですが、これも乙女への手紙の中にあった表現です。長く幕藩体制でやってきたけれど、黒船がやってきて開国を迫られているような状況の中で、政治体制を入れ替えて日本を一新しなければ対応できない、ということでしょう。日本を洗濯するという言い方は面白く、龍馬はこんなふうに自分の言葉で語れる人だったのだなぁと感じます。

勝の弟子となった龍馬は、薩摩《さつま》と長州という対立する藩を結び付けて、倒幕に向けて動きます。先生である勝は幕府側にいるのですが、弟子が幕府を倒すよう仕向けたのです。事情を知らない人、先が見えていない人は好き勝手なことを言うに違いありません。対立する藩を結び付けるのも並大抵のことではないし、非常に混乱した世の中です。

でも、龍馬は**自分のやっていることの意義をわかっていました。だから、何と言われようといいのです。それは気概でもあるし、やわらかな心とも言えるでしょう。**「自分がわかっているのだから、それでいい」という気持ちがあるわけです。

「誰もわかってくれない」を「自分だけは知っている」に

自分がやっていることを誰も理解してくれないと感じると、つらいものです。心が折れそうなときの原因をたどってみると、そういうことがままあります。しかし、「自分だけは知っている」と思えば、そうつらくもなくなります。

考えてみれば、自分だって周りの人のやっていることを本当にわかっているわけではありません。誤解していたり、よく知らずになんだかんだと言っていることもあるでしょう。「わがなすことは　われのみぞしる」は、みんながそうであるはずなのです。

とくに、**内側にある信念、自分の持つワールドは「われのみぞしる」くらいでちょうどいい。いたずらにダダ漏れさせて、「わかってもらえない」と傷つく必要はない**と思うのです。もちろん、龍馬にとっての「姉への手紙」のように、一人の理解者にそのときどきの気持ちを伝えることができれば、それも大きな心の支えになるでしょう。

名言年齢
23歳

1996年アトランタ五輪インタビューより

初《はじ》めて自分《じぶん》で自分《じぶん》を
褒《ほ》めたいと思《おも》います。

有森裕子

元マラソン選手。1966年生まれ。1992年バルセロナで銀メダル、1996年アトランタで銅メダルと2大会連続で五輪メダルを獲得した。2007年東京マラソンでプロランナーを引退。

1996年のアトランタオリンピックで、女子マラソン選手の有森裕子《ゆうこ》さんは3位でゴールしました。1992年のバルセロナでは銀メダルを取っており、2大会連続でメダル獲得という快挙です。

そのときのインタビューに答えた言葉が「初めて自分で自分を褒めたいと思います」でした。前回の銀メダルには及ばなかったけれども、「終わってから、なんでもっと頑張れなかったのかと思うレースはしたくなかったし、今回はそう思っていないし……」と涙を湛《たた》えながら語り、「初めて自分で自分を褒めたいと思います。」と結んだ姿は日本中の感動を呼びました。当時この言葉は大変に流行し、みんなマネして言ったものです。1996年の流行語大賞（ユーキャン）にもなりました。日本の言葉の歴史の1ページに刻まれたと言ってもいいくらいの言葉なのです。

それほどまでに人々の心をとらえたのは、単に感動的な言葉であるというだけでなく、当時の日本人が「自分で自分を褒める」というあり方を求めていたということでしょう。他人が褒めてくれなくても、自分で褒めてあげれば少しは心がラクになるのではなかろうかと思ったのです。そして、多くの人が採用した。同じ頃、「自分へご褒美《ほうび》」も流行り始めました。自分で自分に何かプレゼントをするのです。頑張った自分のことを誰も認めてくれなくても、自分で褒めたりプレゼントしたりするわけです。

私は日本人はもっと自己肯定感が高くていいと思っているので、いい流行だったと感じます。2013年に内閣府が実施した日本を含めた7カ国（ドイツ、フランス、イギリス、アメリカ、スウェーデン、韓国）の若者（13〜29歳）への調査では、「自分自身に満足しているか？」の質問に対して、日本で「そう思う」「どちらかと言えばそう思う」と回答した人の割合はたった4割程度。他の6カ国は70〜80％ですから、だいぶ差があります。また、2017年に国立青少年教育振興機構が日本、アメリカ、中国、韓国の高校生を対象に調査したところによると、「私は価値のある人間だと思う」と答えた日本人は4割強で、やはり他の国の8割程度と比べて極端に低いという結果でした。

実際、何か仕事をやらせてみたら日本人はけっこう上手にやると思います。仕事のうえで価値を出すことは、それほど難しいわけではない。だったら、もうちょっと自信を持っていいと思うのですが、なかなか自信を持てないようです。控えめで謙虚というのは日本人の美徳でもありますが、能力発揮のブレーキになってしまってはもったいない。もっと自分を褒めてあげるべきでしょう。

結果を褒めるのではなく、プロセスを褒める

自分で自分を褒めるとき、重要なのはプロセスです。有森さんも、頑張って走った結果メダルを取れたから「自分を褒めたい」と言ったのではありません。悔いのない走りができたからです。自分よりもっと速い選手がいることはどうにもできないけれども、今の自分のベストを尽くすことは自分一人でできる、それができたかどうか、ということです。

インドに伝わるヒンズー教の聖典『バガヴァッド・ギーター』には、「行為の結果を捨てよ」といった言葉が出てきます。何かをした結果、成功するか失敗するかは自分ではコントロールできません。大事なのはプロセスに集中することであって、結果に執着するな、それが「知性のヨーガ」だというのです。

有森さんは、悔いがないように走るということをひたすら続けました。苦しい闘いに心が折れそうになっても、乗り越えて走りました。約2時間半、肉体の限界に挑みながら、知性のヨーガを続けていたようなものです。

そこまで過酷な闘いでなくても、**理想や目標に向けて頑張っている中で、心が折れそうになるときはあるでしょう。そんなときは、自分で自分を褒めることです。**何か小さな一つでいいから「これだけは悔いのないようにやろう」というものを決めて、クリアしたら

「今日はいい日」とする。「自分で自分を褒めたいと思います」ということにするのです。

ダイエットなら、マイナス5キロといった結果にフォーカスするのではなく、「30分間ウォーキングする」「21時以降はお茶だけにする」といった課題をクリアすればいい。手帳を使えば簡単に、続けやすくなります。自分で四角いチェックボックスを書いて、課題をクリアしたらチェックを入れます。「今日はよくやった！」という気分です。同時に、ニコニコマークを描いたり、「パチパチパチ」などと書いたりして、自分を褒めるのです。自分へのご褒美を設定しておいてもいいですね。

声に出して褒めるのでもいいですが、文字に書き残すと次への意欲につながります。一つ乗り越えた、また一つ乗り越えた……ということが自信になり、自己肯定感を育むことにもなるでしょう。

他人に褒めてもらえなくても、全然かまわないのです。そりゃあ褒めてもらえればもっといいかもしれませんが、他人に褒めてもらおうとしてやる、というのはちょっと違う。自己肯定感が強ければ、他人の評価はたいして気にならなくなります。

人に褒めてもらいたい、励ましてほしいという気持ちは、強く表に出ると良い結果を生まないものです。「自分はダメだ」とか「こんなに頑張っているのに」とばかり言っている人は、周りを疲れさせます。「自分はすごいんだぞ」アピールもそうです。さらには、アピールしても褒めてもらえないと、不機嫌になったり落ち込んだりするものだから、周りの人は距離を置きたくなってしまいます。何かと相手にしてほしい「かまってちゃん」は、まず自分で自分を褒める習慣をつけるといいでしょう。

不遇の時代を支えた、フォークシンガーの詩の一節

有森さんの名言とされる「初めて自分で自分を褒めたいと思います」ですが、フォークシンガー高石ともや氏の「自分をほめてやろう」という詩の一節がもとになっています。

有森さんが高校1年生のときに始まった全国都道府県対抗女子駅伝で、有森さんは3年連続補欠でした。出場叶《かな》わず、不遇の時代があったのです。その駅伝大会の場で、高石氏が参加選手に向けて朗読した詩に感動した有森さんは「いつかこれを言える選手になろう」と決意しました。この言葉が苦しい練習の支えになっていたのです。まさに、心が折れそうなときを支えてくれる言葉であり、それが有森さんを通じてアスリートのみならず日本中の人に伝わったのでした。

名言年齢
89歳

荻原井泉水《せいせんすい》による俳句雑誌『層雲』への投稿句「私　九句」より

どうしようもないわたしが
歩《ある》いてゐる

種田山頭火

俳人。1882生-1940没。荻原井泉水に師事し、俳誌『層雲』に俳句を発表。1925年仏門に入り、一笠一杖《いちりゅういちじょう》の行乞行脚《ぎょうこつあんぎゃ》で各地を遍歴しながら独自の自由律俳句を残した。大量の放浪日記を残しており、死後公開されて生涯の一部が明らかになった。

放浪への憧れというものがあります。あてもなくさすらい、さまよい歩く。どこへ行って何を見て、ここで食べると予定しているような目的のある旅行とは違ったものです。

普段、電車を使って通勤・通学をしている人は多いですが、私の知るある男性はいつも通り電車に乗ったものの、突然会社に行くのが嫌になりました。会社のある駅を通りすぎて一日放浪したそうです。実際にやるかは別にして、「今日はこのまま、放浪の旅に出ちゃおうかな」という気分になったことは誰しもあるのではないでしょうか。

その男性が憧れていたのは、一流の放浪者であり俳人の種田山頭火《さんとうか》です。一日放浪をして、山頭火気分を味わいました。

日本の俳句は、言うまでもなく季語と五・七・五の十七文字を基本とする定型詩です。山頭火はこの伝統的な定型から解放された自由律俳句を数多くつくりました。

まつすぐな道でさみしい

分け入つても分け入つても青い山

どうしようもないわたしが歩いてゐる

なんとも味わい深い、放浪の句です。これらの句は現代の子どもたちにも人気がありま
す。私は長年Eテレ「にほんごであそぼ」の総合指導をしており、番組で扱う言葉をセレ
クトしています。その中で、こういった山頭火の句を入れると盛り上がるのです。

たとえば「まっすぐな道でさみしい」という句に、幼児は喜びます。幼児なりに言葉が
すっと入ってきて、情景も思い浮かびやすいのでしょう。

放浪の旅で一人歩いているときには、道が曲がりくねっているほうが楽しいに違いあり
ません。あの先には何があるだろうと想像しながら歩くことができますし、なんとなく風
情があるというものです。ところが、まっすぐな道だと、先が見えすぎてしまって面白く
ない。見渡す限り、人っ子一人いない。そして、孤独感が増してしまうのです。

だだっ広いまっすぐな道がさみしいかと思えば、「分け入つても分け入つても青い山」。
道なき道を分け入って、奥にいくら進んでみても、ただただ青い山が続くばかり。自然の
雄大さを前に、自分の矮小《わいしょう》さが感じられるというものです。

「どうしようもないわたし」を見つめて歩く

「どうしようもないわたしが歩いてゐる」も、人気の高い山頭火の代表句です。道を歩い

ているのは、「どうしようもないわたし」です。自分はもう、これ以外の人間ではありえない、どうにもしようがない人間だということでしょう。他人からも「こいつはどうしようもない」と言われてしまう。**内からも外からも「どうしようもない」、そう自分で客観的にとらえているからこそ、表現ができるわけです。**

山頭火の残した日記を読むと、山頭火は自分のことを愚かでだらしない人間だと思っていることがわかります。お酒が好きでよく失敗をし、反省をするけれどもやめられません。「酔うてこほろぎと寝ていたよ」という句がありますが、酔っ払ってそこらへんに寝てしまい、気づいたら傍らにこおろぎがいたりするわけです。

世間並みに働くことができず、父親らしいことができず（妻子を置いて、一人放浪しているのです！）、それを良くないことだと思っています。だから威張ったりおごったりすることなく、常に自分をどうしようもないと感じています。でも、変えることができない。仕方なくやっている。そういう私が歩いているのです。

「どうしようもないわたし」という言葉には、おかしみもあります。自分で自分を「どうしようもない」と言っている人を見ると、クスリと笑ってしまうようなところがありますね。幼児もこれを面白く感じ、すぐに覚えてしまいます。

「○○な私が道を歩いている」というお題で考えてみても、○○に「どうしようもない私」を入れることができるかというと、けっこう難しいと思います。

「つまらないことで悩んでいる私が歩いている」

「他人の目を気にしてばかりいる私が歩いている」

「昨日いいことがあってご機嫌な私が歩いている」

など何でもいいのですが、道を歩いているときに「どんな私が歩いているか?」を考えて言葉にしてみると面白いのではないでしょうか。今日の自分が昨日と同じとは限りません。いま歩いているのはどんな自分か? 自分自身に向き合い、見つめる生活が放浪です。

一人歩いて、孤独の豊かさを味わう

自由律俳句の大物として、山頭火と並び称されるのが尾崎放哉《ほうさい》です。尾崎放哉の代表的な句は「咳《せき》をしても一人」。これも孤独がひしひしと感じられる句です。

ゴホンと咳をして、「大丈夫?」と声をかけてくれる人がいれば心が温かくなりそうなところ、誰もいない。一人ぼっちの空間に、自分の咳が響くのみです。これも放浪的な表現と言えるでしょう。

そもそも、放浪し、一人歩くというのは孤独の一つの技法でもあります。一つのところにとどまっていると、孤独につきまとうさみしさはふくらんでしまうもの。歩けば風景が変わります。風景に溶け込んだ自分自身の心も、変化していくように感じられます。

モヤモヤと悩んでいるときに、歩くと自然と心が整理されたという経験を持つ人は多いでしょう。心の調子が悪いときは、心だけでどうにかしようとしても難しいのです。身体を動かし、整えると心も軽くなっていきます。

それに、歩き続けていると、一人だけれど一人ではない感覚にもなります。言ってみれば大きな何かとつながっている感覚です。自分を見つめつつも、うちにこもりすぎないですみます。だからこそ、孤独を味わい、楽しむこともしやすいのです。

一人でいることには、さみしさと同時に豊かさもあります。自分自身を見つめ、掘り下げ、深めていくような濃密な時間は、一人でいるときにしか持つことができません。

人とつるみ、状況にのみ込まれているときには自分を見失いがちです。日々忙しく過ごしている現代人はなおさらでしょう。山頭火のような放浪者への憧れはよくわかります。「どうしようもないわたしが歩いてゐる」のような山頭火の句を味方につければ、**孤独も必要以上に恐れる必要はありません。孤独の豊かな面を味わう気持ちになれるのです。**

名言年齢

約403歳

「東照宮遺訓《いくん》」より

人《ひと》の一生《いっしょう》は
重荷《おもに》を負《お》うて遠《とお》き道《みち》を行《ゆ》くが如《ごと》し
いそぐべからず

徳川家康

徳川幕府初代将軍。1543生-1616没。岡崎城主松平広忠の長男。6歳で織田・今川の人質となるが桶狭間の戦いで岡崎に戻り、織田信長と組んで勢力を拡大する。信長没後、豊臣秀吉についたのち、天下統一を果たす。

徳川家康は、現代の日本にも大きな影響を残す江戸時代の開祖となった人です。長い戦乱の時代を終わらせ、その後260年以上にわたる長期安定政権の基盤をつくりました。江戸時代には、平和な暮らしの中で町人たちの文化が花開き、幕府が儒教を学問の中心として位置付けたことにより、いまに続く日本人の倫理観の根本が確立されたと言えます。

「人の一生は重荷を負て遠き道を行くが如し　いそぐべからず」という言葉は、家康の死後、「遺訓《いくん》」として伝えられています。後世の創作という説が有力ではありますが、いかにも家康らしい言葉として受け止められています。「人生は、重い荷物を背負って長い道のりを歩き続けるようなものなのだから、焦らずゆっくり進みなさい」ということです。

私たちが子どもの頃、よくこういうことを言われました。小学校の遠足でも、重いリュックサックを背負って川沿いの道を海まで何キロも歩きながら、「まだ着かないの？」とへこたれていると、「人の一生は重荷を負うて遠き道を行くが如し。急ぐべからず」と先生の声。**果てしなく感じるような遠い道のりを、「早く目的地に着きたい」とばかり考えていたらつらくなります。途中で挫折しない工夫をしなくてはなりません。**最後尾にいる先生は、ちょっと変わった方法で遅れている子どもたちを励ましてくれました。手に持っている棒を肥溜《こえ》めにつっこみ、それを振り回しながら追いかけてくるのです。元気をなくしていた子どもたちは、「ちょっと先生やめてよ!」と笑いながら走り出します。そんなふうにしながら、**長い行程をとにかく自分の足で歩くのが大事**だと教わりました。

忍耐強く自分の足で歩くということも大事ですが、**家康の言葉はそれを比喩にして人生における辛抱、忍耐を説いています。実際、家康は長くつらい時期を耐え忍び、焦らず機が熟するのを待って天下統一を果たしました。**

「鳴かぬなら　鳴くまで待とう　ホトトギス」は後世の創作ですが、これもうまいこと家康の性格を表現しています。

東の今川義元、西の織田信秀に挟まれた三河《みかわ》に生まれた家康(竹千代)は、数え6歳の頃から人質として出されます。ものごころついたときには、織田家の人質。8歳になって今度は今川家に送られ、以降19歳まで人質生活です。桶狭間の戦いで今川義元が討死すると、独立して織田信長と同盟を結びました。目の上のたんこぶのように、信長がずっといる状態です。同盟関係は本能寺の変で信長が倒れるまで20年以上も続きます。

次は豊臣秀吉が実権を握ります。家康は、秀吉の臣下となって焦らず時を待ちました。秀吉が亡くなり、政争や、かの関ヶ原の戦いを経て、家康が征夷大将軍となって江戸幕府を開いたのは、61歳のときです。急ぐべからず……で、ついに天下統一を果たしました。

なんともすごい、長期的視野、遠大な計画の持ち主です。

長期的視野が挫折を遠ざける

私たちはさまざまな目標に向けて計画を立てますが、焦るあまりに早く諦めてしまうこともあります。成果が得られなくても辛抱強く続けるとか、時期を待つとかいうのはなかなか難しいものです。しかし、家康の人生を考えてみれば「まだまだ」という気になるでしょう。最初から目標を長期的に考えて、粘り強くやっていこうとすれば、挫折もしにくくなるはずです。

私自身は、定職に就いたのが実は33歳のときです。33歳といえばけっこういい年です。それまでいったい何をやっていたのか？　というと、大学院生だったり無職だったりしたわけです。もちろん何もしていなかったわけではなく、必死に勉強していました。

本を読み、論文を書き、いま数多く出させてもらっている著書のもととなるような原稿を書きまくっていました。人生は長いから、花が咲き実をつけるときがくるだろうという長期的展望のもと生きていたのです。正直に言って焦りがありましたし、非常につらく孤独でしたが。しかし、この暗黒時代があったからこその現在です。

大学で教鞭《きょうべん》をとり、本を書き、講演をしたりテレビに出演したりとハードに仕事をできるのは、この時代に力を培ってきたからだと思っています。

徳川家康の「遺訓」は名言のオンパレード

「遺訓」の全文は次のようになります。

人の一生は重荷を負て遠き道を行くが如し　いそぐべからず
不自由を常とおもへば不足なし　心に望みおこらば困窮《こんきゅう》したる時を思ひ出すべし
堪忍《かんにん》は無事《ぶじ》長久《ちょうきゅう》の基　いかりは敵とおもへ
勝《かつ》事ばかり知《しり》て　まくる事をしらざれば害其《その》身にいたる
おのれを責《せめ》て人をせむるな
及《およば》ざるは過《すぎ》たるよりまされり

「不自由を常とおもへば不足なし」。いまは本当に自由な時代で選択肢も多様ですが、昔はいろいろ限定されていました。職業も結婚も、不自由が当たり前でした。

たとえば理想の結婚を思い描きすぎていると、実際は不足だらけになります。しかし、**そもそも不自由なものと思っていれば不平不満も減る**でしょう。

現実をどうとらえるかで、幸不幸は決まるもの。不自由がいいわけではありませんが、良い精神状態を保つうえでは「不足なし」と思えるほうがいいのです。

「いかりは敵とおもへ」もいい言葉です。**人に対してカッとなったとき、敵は相手なのではありません。自分の中にある怒りこそが敵なのだ**ということですね。そう思っていれば、何か腹が立つことがあったとき、「ああ、これは敵だからおさめなければ」と対処できます。怒りの感情は、ゆっくり呼吸をしながら5秒10秒待つだけでかなり消えていきます。

小学生を集めて塾をやっていたとき、子どもたちが喧嘩《けんか》をしたら両者をいったん座らせました。「鼻から息を吸ってー、口からゆっくり吐いて。ふーっ。はい10秒。じゃあ喧嘩を再開していいよ」と言うと、もう喧嘩になりません。ワーッと感情的になっていたのがおさまって、「喧嘩していい」と言われてもしらけてしまいます。こうした技法とともに「いかりは敵とおもへ」という言葉を心に持っておくといいのではないでしょうか。

家康の言葉は、簡単に心をかき乱されることなく、長期的に大きな目標に向かっていくことを助けてくれるでしょう。

名言年齢

51歳

『天才バカボン』(「週刊少年マガジン」講談社)
バカボンのパパの口癖より

これでいいのだ

赤塚不二夫

漫画家。1935生-2008没。1956年、『嵐をこえて』でデビュー。1962年『おそ松くん』『ひみつのアッコちゃん』の連載で人気漫画家となる。以降、『天才バカボン』『もーれつア太郎』などの作品がヒットし、「ギャグ漫画の王様」と謳《うた》われた。

尊敬する人物を聞かれたとき、「バカボンのパパ」と答えることがあります。そう答えると笑いが起きるのですが、あながち冗談でもありません。

私は小学校低学年の頃から『週刊少年マガジン』を読んでいました。『巨人の星』や『あしたのジョー』にド根性を学び、「特訓につぐ特訓だ！　灰になるまでやるんだ！」と気持ちを盛り上げる一方で、『天才バカボン』を読んでは爆笑していました。

もちろん面白さの中心は、バカボンのパパです。漫画のタイトルは『天才バカボン』ですが、天才なのはパパのほう。なんでもかんでも「これでいいのだ」と肯定し、どんどん突き進んでいってしまいます。めちゃくちゃなことをやっては周りを巻き込み、おまわりさんが拳銃を撃ちながら追いかけてくるけれども、最後はみんなで笑います。

天才にしかなしえない、ものすごいエネルギーの発露です。読んでいるこちらも巻き込まれ、笑わされてしまうのです。

バカボンのパパは「〜なのだ」と言い切ります。私はかつて『バカボンのパパはなぜ天才なのか？』（小学館）という本を出したことがあり、その中でバカボンのパパの魅力をこの「なのだ力」に見出し紹介しました。**「〜なのだ」という断言は、自分の態度やポジショニングを明確にします。責任も生じる。**だから多くの人は「〜であると思われる」

「～とも言えるかもしれない」「～みたいな」などと言って逃げを用意したくなるものです。ところが、バカボンのパパはいつも断言する。肚《はら》が据わっているのです。

その場その場の状況における自分の態度を明確にし、「これでいいのだ」「これでいいのだ」「これでいいのだ」と行動を加速していくすごさ。こんなに断定し、肯定し、突き進む日本人がほかにいるでしょうか。

子どもの頃の私は腹巻きをしたり、てぬぐいを鉢巻きにしたりして格好をマネし、バカボンのパパのように生きてみたいものだと思ったものです。それ以来、矢吹丈や星飛雄馬《ひゅうま》のように生きることと、バカボンのパパのように生きることをいかに両立させるかというのが大きなテーマとしてありました。

現状を肯定して、前に進むエネルギー

バカボンのパパの決めぜりふ「これでいいのだ」には、すごい力があります。「これでいいのだ」と言うと、勢いがついて先に進める。**自分を肯定し、状況を肯定して前に進むのです。肯定するからエネルギーが出ます。そして状況を好転させていくことができます。**「あのとき、ああすればよかった。だから自分はダメなんだ」「あの人があんなことさえし

なければ、こうはならなかった」などと過去を引きずり、思い悩んでいるとエネルギーが出ません。同じところにとどまり、悪循環にはまってしまいます。

自分は過去を引きずりがちだという人は、今からでも遅くありません。『天才バカボン』を全巻読みましょう。やらかしちゃったことも「これでいいのだ」と肯定してみてください。私自身も、自分が過去にやってきたことに対して「ちょっとどうかな」と思うことはあります。でも、もう終わったことをとやかく言っても仕方ありません。「これでいいのだ」と言って肯定し、次に進むことにしています。

日本人にバカボンのパパ要素を加えればもっと良くなる

本当にバカボンのパパのようだったら、迷惑な人だと思いますか。それはその通りです。大人がめちゃくちゃなことをして、全部「これでいいのだ」と言っていたら困った人です。でも、普通の日本人は「バカボンのパパのようになれ」と言ったってそうめちゃくちゃできるものじゃありません。みなさん真面目でマナーがいいので、そこは大丈夫でしょう。**ちょっと思い切ってアクションを起こしたり、何かチャレンジしたりして「これでいいのだ」と肯定する、そういう強さを身につけるとさらにいい**と思うわけです。

大学では、教職課程の学生たちにもそういうメンタリティーを身につけてほしいと思って授業をしています。教員を目指して学んでいる人たちですから、将来生徒たちの前に立ったときに「ウケなかったらどうしよう」「あのとき失敗したのがショック」などと必要以上に思い悩むのでなく、堂々と話をしてもらわなければなりません。

そこで、「芸人になって発表をする」という回を設けています。グループに分かれて、何か芸をしながら国語や世界史など教科の授業をしてもらうのです。このとき大切なのは、どんな発表をしても「これでいいのだ」と、みんなで拍手をすることです。

発表して、ウケなかった、失敗したとなったらやはり落ち込みます。すべっていると感じたら、途中で逃げ出したくなります。それをどうやって乗り越えるか。「これでいいのだ」というある種の開き直りです。たとえば、ラップでフレミングの左手の法則を説明するというグループがありました。「YOー！」とか「チェキラ！」とか言いながら、フレミングの左手の法則の形を作り、電流と磁場、力に関する法則を説明するのです。見ているほうは拍手喝采。こういうのは開き直ってやったほうが面白いものです。

心が折れそうなとき、「これでいいのだ」という言葉は大いなるパワーを発揮してくれるはずです。

第2章

背中を押してほしいとき

最初に背中を押してくれるのは、身近な人の言葉

新しいことにチャレンジするとき、決断しなければならないとき、迷いを断ち切りたいとき、行動を起こすパワーがほしいとき。ちょっと挫《くじ》けたときや元気が出ないときも、誰かの言葉や存在が背中を押してくれることがあります。

ぽんと背中を押してもらうと、勇気、元気が出てきます。よし、やってやろうという気持ちになります。

創作意欲が盛んだったり、いつもエネルギッシュに動いたりしている人を見ると、「あのパワーはどこから湧いてくるのだろう」と思いますが、きっと「背中を押してくれるもの」があるのでしょう。自分一人でそのパワーをまかなっているわけではないのです。

お笑いタレント、映画監督、俳優など複数の顔を持ち、「世界の北野」と呼ばれるビートたけし（北野武）さんだってそう。たけしさんはご自身のことを「マザコン」と言い、お母さんが大好きであることを公言しています。お母さんのさきさんが亡くなったときは、葬儀で人目もはばからず男泣きをしていたのが印象的でした。教育熱心で愛情深いさきさんが、子どもの頃はもちろん、大人になってからも背中を押してくれていたのでしょう。

「自慢、高慢、ばかがする」が口癖だったさきさんは、謙虚でいることの大切さをいつも教えてくれていたといいます。同時に、何も根拠はなくとも「北野の家はできるんだ。できて当然なんだ」と言い続けていたそうです。できる、できると言われているので、その気になって一生懸命やってしまう、努力してしまう。「自分はどうせこんなものだ」というように卑下したり見切ったりすることがないのです。

『智恵子抄《しょう》』が有名な詩人・彫刻家の高村光太郎は、洋画家だった長沼智恵子と出会って以降、智恵子がいかに背中を押してくれていたかということを『智恵子の半生』の中に書いています。彫刻作品は真っさきに智恵子に見せ、毎晩、その日の制作について一緒に検討するのが光太郎にとってこのうえもない喜びでした。智恵子の感想、言葉が制作の原動力となっていたのです。

また、夏目漱石が芥川龍之介や中勘助《なかかんすけ》に励ましの手紙を送り、彼らの創作の支えになっていたであろうことはすでに「はじめに」の中でお話ししました。

このように、**家族、友人、先生、先輩、上司など、身近な人の言葉が背中を押してくれることはあるでしょう。大切に持っておきたい「マイ名言」です。**

人格を感じながら本を読もう

もう一つは、偉人たちの言葉に背中を押してもらうことです。

大きな決断をしなくてはならない経営者が古典をよく読んでおり、偉人の言葉を座右の銘にしているというのはよく知られていることです。

「日本の資本主義の父」、渋沢栄一は『論語』を座右の書にしていました。ご存じの通り『論語』は孔子という偉人の言葉を弟子たちが書き残したものです。

渋沢栄一は第一国立銀行（現・みずほ銀行）や東京証券取引所を設立して日本に資本市場をもたらし、約500の企業の会社設立に関与したほか、社会事業にも尽力しました。渋沢の著書に『論語と算盤《そろばん》』（図書刊行会）があります。その冒頭に象徴的なエピソードが書かれています。大蔵省を3年半程度で退官したとき、同僚から「賤《いや》しむべき金銭に目が眩《くら》み、官を去って商人になるとは呆《あき》れる」と責められました。それに対して渋沢は「私は論語で一生を貫いて見せる、金銭を取扱うが何故賤しいか、君のように金銭を賤しむようでは国家は立たぬ」と言い放つのです。

渋沢は自分が金儲けをしたいと思っているわけではありません。国家のために経済の基盤をつくりたいと考えていた。その経済基盤を持続可能なものとするには、『論語』で孔子が説いている仁義道徳が不可欠です。渋沢は、一見相容れない「論語」と「算盤」を結び付け、孔子の言葉に背中を押されながら、経済に邁進《まいしん》しようとしたのです。

本は一つの人格の表れです。そう思って本を読むと、著者が自分に語りかけてくれている感じがします。たとえば『論語』には、孔子の生きた姿が宿っています。もともと弟子に語った言葉をまとめたものだから、表現には孔子の人格がにじみ出ているのです。

読書をしていて「これは」と思う言葉に出合ったら、その著者が自分に言ってくれているのだというつもりで、しっかり自分のものにしましょう。古典をはじめ評判のいい本や気になる本を5冊10冊と読めば、必ず「背中を押してくれる言葉」に出合えるはずです。**その言葉を発した偉人が応援団になってくれる。そんな心強さを感じます。**

詩人茨木のり子が応援団になれば、「自分の感受性くらい　自分で守れ　ばかものよ」と叱咤《しった》し、人のせいにせずに自分の感受性を信じて進むことを後押ししてくれます。サントリー創業者の鳥井信治郎が応援団になれば、「やってみなはれ」とチャレンジを促してくれます。

言葉とともに、人格を感じることが一つの大きなポイントです。

名言年齢
約90歳

明治大学ラグビー部元監督　北島忠治《ちゅうじ》の言葉より

前《まえ》へ。

北島忠治

明治大学ラグビー部の元監督。1901生-1996没。1929年明治大学法学部卒業と同時にラグビー部の初代監督に就任。以後亡くなるまで67年間監督の座にあった。1936年、1956年にはラグビー日本代表の監督も務める。

「前へ」は、長きにわたって明治大学ラグビー部の監督を務めた北島忠治《ちゅうじ》が唱えたスローガンです。このうえなくシンプルで力強い言葉ですね。監督として、この一言に懸けた勇気に拍手したい。北島監督は28歳のときに明治大学ラグビー部の監督になり、95歳で亡くなるまで現役の監督でい続けました。監督経験最高齢記録保持者としてギネスブックにも掲載されたレジェンドです。

67年もの監督生活の中で、選手たちに言い続けたことはただ一つ、「前へ」だったのです。細かい戦略を言うのではなく、スパルタでしごくのでもなく、「前へ」の精神で、弱小だったラグビー部を早稲田大学と並ぶ大学日本一にまで押し上げました。

「前へ」という言葉は、明治大学ではラグビー部だけでなく全体に浸透しており、普通の学生もよく口にします。男子トイレにすら、「もう一歩、前へ」と貼ってあります。私は初めてそれを見たとき「さすが明治大学！」と感心しました。人生においてもラグビーにおいても、トイレでも「前へ」が大事。そのくらい、懐の深い言葉です。

「前へ」というスローガンは、勝ち負けよりも前へ進むことを重んじる精神を示しています。もちろん試合において勝つことは重要です。しかしそれ以上に、困難な状況でも逃げずに前へ進んで乗り越えていく生き方を学んでほしいという、北島監督の考えがありました。これが明快なラグビースタイルとなり、たとえ「横にパスを回せばトライ(得点)できる」と思うようなシーンでも、絶対に前へ押すのです。実際、それで負けることもあります。私は明治大学に勤め始めたばかりの頃は、「回せばいいのにな」と思うこともありました。でも、もうこれは精神として根付いているのです。

伝統として受け継がれ、30年前の卒業生も、現在のラグビー部も「前へ」という価値観を共有している。これは素晴らしいことです。大学に入学し、ラグビー部に入る個人個人はそれぞれバラバラであるはずですが、共有する文化を通じて強い精神を得られるのです。

これが卒業後の仕事や人生にも生きます。たとえば、明治大学卒業生には営業職でいい成績を上げる人が多くいます。営業して断られても、とりあえず前へ進むのです。くじけません。そういう明治大学卒業生のカラーができていると思います。

TBSの人気アナウンサー安住紳一郎さんは明治大学出身で、私の教え子でもあります。あるとき安住アナが私に「先生、もう傷だらけです」と話してくれました。というのも、知的で器用さもある実力者たちに交じり、テレビ番組で気の利いた面白いことを言おうとすること自体勇気がいります。そのうえ、ウケなかったりして傷つくことも多い。それでも「前へ」の精神で、傷だらけになりながらやってきましたと言うのです。しかし、そのおかげで面白く、非常に人気の高いアナウンサーになれたわけです。

半歩でも前へ進めば景色が変わる

壁にぶつかったり、困難なことに出合ったりしたとき、もちろん横へよける手もあります。しかし、迷ったらとにかく「前へ」の精神で踏み込んでいく。信じて進む。すると道は拓《ひら》けます。

明治大学ならずとも「前へ」は背中を押してくれる名言です。言葉の抽象度が高いから、人生のあらゆるシーンで力を持つのがすごいところです。会議で発言するとき、就職活動、恋愛。失敗して傷つくのが怖く、なかなか踏み出せないことはあるかもしれません。ただでさえ、先が見えない時代です。迷わず進み続けることのほうが難しいでしょう。

こういう時代に、**あれこれと迷っているよりは一歩「前へ」。半歩でもいいから、とにかく踏み出す**ことが大切です。勇気を持って踏み出してみれば、景色が変わります。**考えている間は状況は変わりませんが、行動することで何かが変わる**のです。

すると、次に考えるべきこと、やるべきことも見えてきます。

名言年齢

105歳

詩集『道程《どうてい》』(高村光太郎・著　日本図書センター)より

僕《ぼく》の前《まえ》に道《みち》はない
僕《ぼく》の後《うし》ろに道《みち》は出来《でき》る

高村光太郎

詩人、彫刻家。1883生-1956没。父親は彫刻家の高村光雲《こううん》。20代で欧米に留学し、美術・彫刻を学ぶ。帰国後は美術評論などで注目を浴びた。1914年『道程』を刊行、洋画家の長沼智恵子と結婚。1941年『智恵子抄』を刊行。

人が敷いてくれたレールの上を歩くのではなく、何もないところを自ら歩いていく。自分で開拓していく。

芸術家の高村光太郎は、こういう強い気持ちを持っていました。

光太郎の父は、高村光雲《こううん》という日本を代表する仏師・彫刻家でした。上野にある西郷隆盛像は、光雲の作です。重要文化財に指定されている「老猿」という作品は、教科書にもよく載っているので見たことがあるのではないでしょうか。

とにかく巨大な彫刻家としての親を持った光太郎。自身も彫刻家を志しています。幼い頃から彫刻に親しみ、長男だったこともあって当たり前のように家業を継ぐと考えていました。すでに道があったわけです。ところが、ある時期から光雲に反発を覚えるようになります。

光雲は弟子を多く持ち、弟子にあら彫りをさせた彫刻を仕上げていきました。そして、注文を受けて生産するスタイル。光雲の職人的なあり方は、光太郎の理想の芸術家とは違っていたのです。

光雲の技術自体は褒めても、彫刻作品に対しては「父の作品には大したものはなかった。すべて職人的、仏師屋的で、また江戸的であった」（『緑色の太陽』所収「父との関係」高村光太郎・著　岩波文庫）というように批判的になっていきます。

巨大な父と離れて、道を切り拓く決意

光太郎は、父に対する尊敬と愛情を持ちながらも、「違う道を歩まねばならない」と思っていたのです。そういう「父との精神的決別」が「道程《どうてい》」に表れています。詩の全文は次のようになります。

道程

僕の前に道はない
僕の後ろに道は出来る
ああ、自然よ
父よ
僕を独り立ちにさせた広大な父よ
僕から目を離さないで守る事をせよ

常に父の気魄《きはく》を僕に充《み》たせよ
この遠い道程のため
この遠い道程のため

自然を父として、自分で道を切り拓くという詩です。

光太郎はロダンの彫刻「考える人」に衝撃を受け、ロダンに傾倒していたのですが、そのロダンが先生としていたのが自然でした。ロダンは1840年生まれですから、1852年生まれである父の光雲とほぼ同世代です。父親世代のロダンその人を父にするのではなく、ロダンに倣《なら》って自然を父にしようとしたのですね。

『ロダンの言葉抄《しょう》』（岩波文庫）は、自ら書き残した文章の少ないロダンの談話筆録を、光太郎が訳したものです。その中には自然について言っている箇所が多くあります。

たとえば「若き芸術家たちに」と題して、「『自然』をして君たちの唯一の神たらしめよ。彼に絶対の信を持て。彼が決して醜でない事を確信せよ。そして君たちの野心を制して彼に忠実であれ」と言っている。ロダンは、自然こそが美の源であり、芸術家は自然に従うべきなのだという考え方を持っていたのです。光太郎はロダンのこの考え方に大きな影響を受けました。

自分自身で道を切り拓きながら遠い道のりを行くというとき、やはり本当に一人では心もとない。背中を押してくれる存在がほしいですね。それが父なる自然です。偉大な自然が自分を見守り、背中を押してくれているから、果てしなく感じる道のりを歩いていくことができるのだというわけです。

私の著作『声に出して読みたい日本語』(草思社)にも、この「道程」を入れました。印象深いのは、ドラマ「3年B組金八先生」の第6シリーズ(2001年)で、『声に出して読みたい日本語』を使って「道程」を朗読するシーンがあったことです(第20話)。朗読したのは、上戸彩さん演じる鶴本直。直は体は女性、心は男性という性同一性障害で悩みを抱えています。性同一性障害そのものが当時はあまり認識されていませんでしたから、「道がない」わけです。これから歩むのは険しく遠い道のりでしょう。その直が「僕の後ろに道は出来る」と読み上げながら、晴れやかな顔をするのです。

挑戦するすべての人が使える名言

クリエイティブな生き方、多数派と違った生き方だけではなく、誰しも「初めての道」

を行くことはあるでしょう。仕事一つとっても、すべてに前例があるわけではありません。レールの上を行けばいいなんていうことはないはずです。

戸惑いながら進め、何年か経ったのちに「ああ、こうやってきたんだな」と思う。「僕の後ろに道は出来る」感慨はあるものです。**前例のないこと、初めて取り組むことに出合ったら「面倒くさい」ではなく、ぜひこの名言をつぶやいてください。**

そして、見守ってくれる大いなる存在からエネルギーをもらうと考える。すると、前へ進む力も湧いてくるというものです。

なお、「道程」は、最初に発表したときは102行の長い詩でした（雑誌『美の廃墟』）。かなりの長さです。もちろんいい詩ですが、そのままではこれほど有名にはならなかったでしょう。これを勇気を持って大胆に削ったのが素晴らしい。たった9行にまで縮めました。余分なものをそぎ落とし、骨格の持つ力を最大限に引き出す彫刻のように、言葉を削っていったのです。その結果、これほど研ぎ澄まされた詩になったわけです。声に出して読むと、言葉に込められたエネルギーをより強く感じることができるはずです。

名言年齢
約57歳

サントリー創業者鳥井信治郎の口癖

やってみなはれ。

鳥井信治郎

実業家。サントリー（現・サントリーホールディングス株式会社）創業者。1879生-1962没。薬種問屋に勤めたのち、鳥井商店を創業。1906年「赤玉ポートワイン」を発売しヒットさせる。広告・宣伝にも新機軸を打ち出した。

「やってみなはれ」は、サントリー創業者であり、日本の洋酒文化を切り拓いた鳥井信治郎の口癖です。未知の分野にも果敢に挑戦していく、チャレンジ精神、フロンティアスピリットが表れている言葉です。

スペインのワインを飲んで、これを日本に広めたいと思った信治郎は、日本人の舌に合うワインを調合するところから始めました。そして完成した「赤玉ポートワイン」の大ヒット。これで安泰かと思いきや、そこにとどまろうとしません。開拓精神あふれる信治郎は挑戦を続けます。初の国産ウイスキーの製造販売に乗り出し、苦難の道を歩むのです。

信治郎がウイスキーの製造を発表すると、全役員が反対したといいます。ウイスキーを造るには、6年も7年も原酒を寝かせなければなりません。その間の資金はどうするのか。そもそも、当時の日本人はウイスキーに馴染みがないのです。いい製品ができても売れる地盤がありません。しかし、信治郎は反対を押し切りました。**理屈を言うことなく、「やってみなはれ。やらなわかりまへんで」と言うのみだった**のです。

結果、どうだったか。ウイスキー造りを始めて13年目、ついに本格ウイスキーが誕生しました。サントリーウイスキー角瓶発売です。想像を絶するような苦労を乗り越え、洋酒業界に立てた志《こころざし》を遂げたのでした。

こういった歴史を情感たっぷりに読ませてくれる本があります。『やってみなはれ　みとくんなはれ』（新潮文庫）です。「サントリー社史」として書かれ、その後『小説新潮』に掲載されました。著者は直木賞作家の山口瞳と、芥川賞作家の開高健《かいこうたけし》。大物作家が2人してなぜサントリーの社史を書くのかというと、2人ともサントリー宣伝部出身なのです。

1956年にサントリー（当時の社名は寿屋）が創刊したPR雑誌『洋酒天国』の編集長が、宣伝部にいた開高健です。開高が仕事のあとに家でコツコツ書いていた小説が脚光を浴びるようになると、後継者の編集員が必要になった。そこで山口瞳が入社しました。

広告・宣伝においても、「やってみなはれ」精神は力を発揮していました。象徴的なのは「赤玉ポートワイン」の宣伝ポスターです。大正時代に、若い女性の胸元をあらわにしたヌード・ポスター。うっかりすれば警察へ引っ張っていかれるかもしれないという、危険な広告でした。しかし、全体のトーンを渋いセピア色にし、女性の持つ葡萄酒《ぶどうしゅ》の赤色を際立たせたこのポスターは、大成功しました。世間をあっと言わせたのでした。

リスクの計算ばかりしても仕方ない

もちろん、失敗だってあるし、そのときどきで思い悩んでいることでしょう。こんなリスクを取っていいのだろうか、うまくいかなかったらどうリカバリーするのだろうかと**悩みつつ、それでも「こっちの道だ」と信じるとき、「やってみなはれ」という言葉が背中を押してくれます。**いくら悩もうが、結局やってみなければわからないのです。

私は教員をしていて、学生に「こうやってみたら」と助言することはよくあります。しかし、やらない人も意外と多い。「そうできたらいいけど、自分には難しい」「それは先生だからできるんですよ」なんて言う人がいます。リスクの計算が早すぎるというのか、なんだかんだ理由をつけてやらないのです。

リスクの計算をするのはいいのです。大切なことです。でもそればかりでは仕方がない。リスクと思っているけれど、実際はたいしたことないことだってあります。そんなに重く考えないで、チャレンジすれば必ず学びがあるし、道は拓けるはずです。

「やってみなはれ」は、**関西弁の気楽な感じもいい。「やってみろ」ではこうはいかない。**「やってみはなれおじさん」というのがいて、いつも自分に「やってみなはれ」とささやいてくれる、なんていうイメージを持つのも面白いかもしれません。

多少のリスクはあっても「こっちの道だ」と思うなら、「やってみなはれ」精神でチャレンジしたいものです。

名言年齢

44歳

詩集『自分の感受性くらい』（茨木のり子・著　花神社）より

自分《じぶん》の感受性《かんじゅせい》くらい
自分《じぶん》で守《まも》れ
ばかものよ

茨木のり子

詩人。1926生-2006没。現・東邦大学薬学部在学中に空襲や勤労動員を体験し、19歳のときに終戦を迎えた。1953年に詩人仲間と同人誌『櫂《かい》』を創刊。代表作に「わたしが一番きれいだったとき」「倚《よ》りかからず」などがある。

詩人茨木のり子は73歳のときに『倚《よ》りかからず』(筑摩書房)という詩集を出しました。「もはや/できあいの思想には倚りかかりたくない」から始まる詩「倚りかからず」を中心とした15編が掲載された本です。これが詩集として異例の大ヒット。15万部も売れたのですからすごい。きっかけは朝日新聞の「天声人語」が取り上げたことですが、それだけ茨木さんが多くの人に愛されていたということでしょう。

みんな、なぜそんなに茨木さんの詩が好きなのか。一つには、学校で習い、親しんでいたことがあると思います。「わたしが一番きれいだったとき」や「自分の感受性くらい」といった詩を読んで、共感していたのです。

心を強くするために、言い訳禁止!

「自分の感受性くらい　自分で守れ　ばかものよ」という名言は、詩の中のトドメの言葉です。

「ぱさぱさに乾いてゆく心を/ひとのせいにはするな/みずから水やりを怠っておいて」から始まり、「気難しくなってきた」こと、「苛立つ」こと、「初心消えかかる」こと、それから「駄目なことの一切」を自分以外の何かのせいにするなと言い、最後にバシッと

「自分の感受性くらい　自分で守れ　ばかものよ」と言うのです。

この詩には、人の考えそうな愚痴の、だいたいのことが書いてあります。愚痴を言おうとしたら、もう先手を打たれているという感じです。「こんなにハッキリ言うかな」というくらい、厳しいことをズバズバと言ってくれている。

これがまた詩であることの良さです。説教ではありません。一つひとつの言葉がキラキラと際立っていて、美しさがあります。フレーズの繰り返しのあとにトドメを刺すという、詩の形としても美しい。「ばかものよ」は、茨木さん自身への喝《かつ》でしょう。読んでいてそれもわかります。そして同時に、自分のこととして身の引き締まる思いがするのです。

感受性とは、自分で守るものだったのか。やたらと傷つきやすいものだと思っていたけれど、自分で守ればよかったのか。そういう感慨を持った人も多いのではないでしょうか。ぜひ全文を入手して通読し、茨木さんの言葉を味わってほしいと思います。

以前、小学生向けに『心をきたえる　痛快！　言いわけ禁止塾』（ＰＨＰ研究所）という本を出したことがあります。「だって……だもん」「今のは○○だったから」などと言い訳ばかりしていると、成長の機会を失ってしまうことになります。だから、禁止。「え～」「ビミョー」「意味わかんねーし」なんていう口癖をやめて、心を強くしていくのです。

誰々がひどいことをしたから男が（女が）嫌いになった、先生が面白くなかったから勉強が嫌いになった、誰々のせいでグレたなどというのもよく聞く言葉ですが、「自分の感受性くらい　自分で守れ」ということです。

かっこいい大人は言い訳しません。

たとえば2000年のシドニーオリンピックで、柔道の篠原信一選手（現在はタレントとして活動）は「言い訳しないかっこよさ」を見せつけてくれました。決勝戦の相手は、フランスのドゥイエ選手。勝ったほうが金メダルです。ドゥイエ選手が内股をしかけてきたところ、篠原選手は得意技の「内股すかし」であざやかに一本勝ち！　となるはずが、誤審によって逆にドゥイエ選手の「有効」ポイントになってしまいました。

そして最終的に、有効一つの差でドゥイエ選手が優勝したのです。ああ世紀の大誤審。この事件のあと、誤審防止のためにビデオ判定などの制度ができました。

試合後、監督と日本選手一同が抗議をしましたが、試合場から審判が離れたあとは判定はくつがえらないという規定により、篠原選手の負けは確定してしまいました。

日本のマスコミはこぞって審判を批判しました。しかし、篠原選手はこう言ったのです。

「すべて自分が弱いから負けたんです」

それ以上何も言わず、潔く引き下がりました。誤審があったにせよ、その後気持ちを切り替えて逆転できなかったのは、自分が弱いからだということなのです。

篠原選手は、いつまでもグダグダと言い訳をするのは恥だという、日本文化の精神を見せてくれました。これこそ、勝者の心構えと言うべきでしょう。

「張り」のある精神が、自分の感受性を守る

茨木さんは青春時代を戦争の真っただ中で過ごしました。15歳のときに太平洋戦争が勃発。戦時下での飢餓《きが》、空襲、勤労動員を経験し、19歳のときに終戦を迎えました。青春をめちゃくちゃにされているわけです。「わたしが一番きれいだったとき」には、こんな一節があります。

「わたしが一番きれいだったとき／わたしの国は戦争で負けた／そんな馬鹿なことってあるものか／ブラウスの腕をまくり卑屈な町をのし歩いた」

報われず失われた若さ、美しさ。時代のせいにしたいのは当然です。しかし一方で、こ

れも受け止めて次にいくのだという強さがあります。凛《りん》として前を向いて生きていくという茨木さんの言葉に触れると、ああ、こういう強い精神を自分も持ちたいものだと素直に思えます。

戦争は、人の感受性を奪っていくものでもありました。一億玉砕、国のために死ぬことが忠義とみんなが言います。違和感を持っても口にすることは許されません。それが敗戦後は手のひらを返したように変わるのです。だからこそ、自分の感受性を信じて自分で守らなければなりませんでした。

感受性を自分で守るというとき、支えになるのはやはり精神です。その精神には、「張り」が必要なのだと思います。茨木さんの言葉、生き方そのものに「精神の張り」を感じます。「張り」のある、厳しいけれども美しい言葉が、背中を押してくれるのです。

名言年齢

165歳

「獄中より家兄伯教に上る書」より

かくすれば
かくなるものと知《し》りながら
やむにやまれぬ大和魂《やまとだましい》

吉田松陰

幕末の長州藩士。教育者。1830生-1859没。1854年ペリー艦隊の船に乗船し海外密航を企てるも失敗、投獄される。出獄後、松下《しょうか》村塾《そんじゅく》を主宰し約80人の門人を集め、幕末から明治にかけて活躍した人材を輩出。安政の大獄で刑死。

吉田松陰《しょういん》は、日本を変えた偉大な先生です。魂の教師だと思います。なにしろパッションがすごい。自ら「二十一回猛士《もうし》」という号を使っていますが、これは「人生の中で二十一回（「吉田」の字を分解して導いた数）は死を賭《と》して全力で物事を実行するのだ」という並々ならない決意を表したものです。

また、自分のことを「狂愚《きょうぐ》」と称していました。「狂」は頭がおかしくなるということではなく、一つの志に向けて一途になるということです。常識にとらわれることなく、信ずる道を一心に行う情熱を言っているのです。

松陰の魂は、門弟たちに引き継がれていきました。松陰が叔父の玉木文之進《ぶんのしん》から引き継いだ松下村塾《しょうかそんじゅく》は、高杉晋作、久坂玄瑞《くさかげんずい》、伊藤博文、山県有朋《やまがたありとも》ら明治維新を担った多くの人材を輩出しています。3年弱という短い期間しかなかったにもかかわらず、これほどの人材を育てたとは驚きです。

松陰の志が言葉となってほとばしり出て、それが塾生に注ぎ込まれた。**志《こころざし》の溶鉱炉《ようこうろ》のようなものをつくってそれを共有し、高い精神文化を形づくっていた**のでしょう。

私より公を優先させる、魂の教師

松陰の魂の根幹にあるのは、「私《わたくし》より公《おおやけ》を優先させる」ということです。司馬遼太郎の小説『世に棲む日日』（文春文庫）には象徴的な場面があります。松陰が幼い頃、叔父の玉木文之進が勉強を教えています。夏の暑い日のこと、あぜ道で本を開いていた松陰は、汗と寄ってくる虫で顔が痒《かゆ》かったので掻《か》いた。すると、文之進は「それでも侍の子か」と言って殴り、起き上がるとまた殴り、ついに庭の前の崖まで行ってそこから突き落としました。松陰は気絶。それを見ていた母親は「死んだ」と思いました。

文之進曰《いわ》く、おまえはいま、自分のために勉強しているのではない。これは世のため、藩のため、日本のためにしている勉強である。その勉強をしているときに顔を掻いて「私」を満足させるとは何事か、というのです。そんな凄まじさで、入魂されたわけです。

松陰にとって、「日本をどう守るか」が課題でした。自分が利益を得ようなどとはまったく考えていません。

名言「かくすれば　かくなるものと知りながら　やむにやまれぬ大和魂」にも、**「私より公」がよく表れています。**現代語訳すると**「このようなことを実行すれば、こうなるとはわかっていたが、やむにやまれぬ気持ちから踏み切った。これが私の大和魂なのだ」**ということです。

この歌を詠んだのは、海外密航を企てた罪で江戸の牢獄へ送られるとき。1854年の「下田踏海《とうかい》」といわれる事件です。

鎖国中だった当時の日本では、密航の罪は重く、死刑でした。松陰もじゅうぶんわかっていたことです。それでも、どうしても世界を見なければならない。日本を強い国にし、独立を守るためにはこのままではいけない。その情熱に突き動かされ、弟子の金子重之輔《しげのすけ》とたった二人で、深夜の荒波の中ペリー艦隊に小舟で向かったのです。

そして、自分たちもアメリカへ連れていってほしいと頼み込みました。ところが、この願いは聞き入れてもらえませんでした。ペリーとしても松陰の気持ちは理解できるけれども、和親条約を結んだばかりのこのときに密航を黙認することはできなかったのです。

しかし松陰の命がけの行動はペリーに日本人の力強さを印象づけました。『ペリー提督日本遠征記』（M・C・ペリー著　角川ソフィア文庫）には、教養ある二人の命がけの行動を興味深く感じ、「この日本人の性向を見れば、この興味深い国の前途はなんと可能性を秘めていることか、そして付言《ふげん》すれば、なんと有望であることか！」とあります。

陸に返された松陰は、死刑を覚悟しつつ自首します。そして、下田から江戸へ護送されているときに「かくすれば　かくなるものと知りながら　やむにやまれぬ大和魂」と詠んだのでした。自分が捕まるというのは「私」のこと。「公」のことを考えれば、黒船に乗り込み、敵を知るべきだ、そうするのがベストだと松陰は思ったのです。それが大和魂というものだと言っています。

大和魂という言葉は、後に軍国主義の宣伝文句に使われてしまったため特攻隊の精神のようにイメージするかもしれません。しかし本来、古くから続く日本の精神の意味です。

大和魂といえば、松陰の辞世の歌にもあります。

「身はたとひ　武蔵の野辺に　朽ちぬとも　留め置かまし　大和魂」

松陰は安政の大獄で刑死します。享年29。投獄され、処刑を待つだけとなったときに松下村塾の門弟たちに宛てて書いた『留魂録《りゅうこんろく》』の冒頭に記しているのがこの辞世の歌です。身体は朽ちていくが、大和魂はここに置いていくから、あとに続いてくれよという願いが込められています。そして実際にこの大和魂は門弟たちをはじめ、多くの日本人に受け継がれていったわけです。

松陰の情熱や潔さはすごすぎて、完全に模倣しようとしたら危険人物になるかもしれません。でも、ここまではできないけれど、「松陰先生が自分の背中を押してくれている」

と思うと心強い。ペリー艦隊に小舟で突撃し、捕まってもやる、というくらいの人が「大丈夫だから」と言ってくれている。私はそんなイメージを持っています。

自分の利益から離れると、気が楽になる

私より公を優先させるとすれば、自分自身にとっては不利益だったり大きな苦労を背負ったりするでしょう。しかし、**自分のことを考えないから、逆に気が楽になる面もあります。**いったん、自分の利益から離れて公のために生きてみようと思ったときに見えてくる青空の美しさよ。仕事の場面でも、自分の仕事のやりがいについて考えると苦しく、迷いが出るけれど、チームやお客様のためだと考えれば頑張れるということはあるはずです。

働いている人がだいたいみんな納めている税金だって、公のためにあるものです。私は何のために働いているかというと、「税金を納めるため」と考えるようにしています。よく「税金を取られる」と言いますが、公のことを考えたらそんな言い方にはなりません。税金は納めるものなのだ、どうぞ使ってくださいと考えると気分も良くなります。

松陰先生を味方につけながら、大げさなことでなくても、身近な公のためにできることを考えてみてはいかがでしょうか。

名言年齢

約89歳

『金子みすゞ童謡集　わたしと小鳥とすずと』（金子みすゞ・著　矢崎節夫・編　JULA出版局）より

みんなちがって、みんないい。

金子みすゞ

童謡詩人。1903生-1930没。20歳の頃から童謡を書き、投稿するようになる。西條八十《やそ》から「若き童謡詩人の中の巨星」と称賛された。26歳で自ら命を絶つまでに500余編の詩を綴った。代表作「私と小鳥とすずと」「大漁」など。

「みんなちがって、みんないい。」は、21世紀の日本にとって重要な言葉です。テクノロジーの進歩によって、国や地域を超えて、地球規模で資本や情報のやりとりが可能になりました。グローバル化の波は止まりません。これからますます進んでいくでしょう。

そんな中、ダイバーシティーという言葉が多く聞かれるようになりました。企業の中では、性別・国籍・年齢や雇用形態・婚姻状況・価値観などの属性による差別をなくし、多様な人材を適材適所で配置することで成果を最大化しようという「ダイバーシティー・マネジメント」が注目されるようになっています。教育の場でも、多様性を認め合おうという認識は高まっています。

一つの単純な例は、性別にかかわらず学生を「○○さん」と呼ぶようになっていることです。生物学的に男性だから「○○くん」、女性だから「○○さん」と呼ぶのではそこにはあてはまらない人たちへの配慮に欠けるからです。トランスジェンダー(心と身体の性別に差がある人)であれば、呼び方で傷つけてしまうかもしれません。入試のときに写真照合をする際にも「○○さん」で統一しています。小学校でも生徒を全員さん付けで呼ぶところも出てきています。

「みんなとちがう」が傷つかない社会に

これまでは多数派に合わせるという考え方でした。イギリスの哲学者ベンサムは「最大多数の最大幸福」という言い方をしました。社会全体で見て、なるべく多くの人に幸福が行きわたるようにしようということです。

確かに合理的ですが、少数派が犠牲になってしまう面を持ち合わせています。少数派の傷つく度合いがひどかったら、それは多数派のほうが気を遣うべきではないのか。そんなふうに考え方が変わってきています。**「みんなとちがう」ことで不利益を被るべきではありません。**「みんなちがって、みんないい。」のです。

日本人は「みんな同じ」が好きなようで、ダイバーシティーの波にもまだ乗れていないところがあります。「日本は単一民族だから」とよく言いますが、これも間違いです。大和民族が大多数ですが、アイヌの人たちなどもいます。単一民族国家を名乗ることは、そうした少数の人たちを傷つけることになります。

童謡詩人金子みすゞは、立場の弱い者に対する心遣いにあふれる人でした。代表作の一つ「大漁」は、いわしの大漁で浜は祭りだが、海の底ではお葬式をしているだろうという詩です。捕られた側の視点を描くのです。どの詩も優しさ、慈《いつく》しみの心が感じられます。「みんなちがって、みんないい。」は、「わたしと小鳥とすずと」の中の一節です。小鳥は飛べるし、鈴はきれいな音を出すことができます。わたしにはそれができないけれど、わたしも、小鳥や鈴にできないことができるとして「みんなちがって、みんないい。」と締めくくっています。

わたしと小鳥とすず、それぞれに良さがあります。だから、それでいいのです。**すべてのものがそのままで素晴らしい存在なのだと認めると、自分のことも認められるようになります。**

タイトルは「わたしと小鳥とすずと」であるのに、詩の最後では「すずと、小鳥と、それからわたし」と順番が逆転しています。すずや小鳥の素晴らしさを認めたうえで、自分の良さも認められたと読むことができます。

すべてに優劣はなく、人間、動物、そして無機物でさえ、同じように並べているのがまたすごいところです。「私が、私が」「私の個性が」ではないのです。

人はそれぞれ、当たり前にみんな違う

そういう意味でも、私は「個性化教育」というものは特に必要ないと思っています。ここ30年くらい、個性を重視しよう、積極的に伸ばそうと言われてきましたが、じゃあ30年前と比べて日本人が個性的になったかというと、そんなことはありません。個性的でなくなったわけでもありません。**人間は普通にやっていれば、個性があります。個性的かどうかを気にする必要はなく、当たり前にみんな違う**のだということです。

そのうえで、それぞれに良さがあるのだから、それを活かすのがいい。すずは鳴るのがいいし、小鳥は飛ぶ。経理が得意な人は経理をやって、営業が得意な人が営業をする。それぞれの長所を活かしながらチームをつくるのが本来です。足りないところ、苦手なところに目を向けるのではなく、得意なところに目を向けるのがいいと思います。

なお、この詩には多くの人がメロディーをつけていますが、私が総合指導をさせてもらっているEテレ「にほんごであそぼ」の中でも歌にしています。これは番組のテーマソングのようになり、コンサートなどでも会場の人みんなが歌ってくれて、とてもいい雰囲気になります。

声に出して言うほかに、ぜひ歌としても楽しんでみてください。

第3章

成長したいと願ったとき

成長に焦点を当て、肯定力に変える

人は一生、成長していくものです。学び、成長していくものこそ、人であるという言い方をしてもいいでしょう。美味《おい》しいものを食べて、ちょっと働いたら、あとはなるべく寝ていたいというのだったら動物と同じになってしまいます。

聖書に「人はパンのみにて生くるものにあらず」という有名な言葉があります。人は物質的な満足のみを目的として生きているのではないということです。人は学び、成長する目的を持っています。「自分はこれほど成長した」と感じられることが精神的な満足であり、それが人生を肯定する力になります。

「たいして成長していない」と思っている人も、1年前の自分自身と比べてみるとやはり違うはずです。必ず何か学び、成長していることでしょう。その成長に焦点を当て、人生の肯定力に変えていってほしいと思います。

そのように考えると、ネガティブな出来事もポジティブに受け止めることができるようになります。「今年は離婚で大変だった。すごいエネルギーを使ってもうボロボロだ」という人も、「壮年にしてまた大きな学びがあったな、これほど学べたのだから結婚した甲斐もあったというものだ」というように受け止めてみる。会社でリストラに遭ってさんざんだったという人も、その苦難を切り抜けることを通じて大きく成長していることでしょう。

世界中の人が共通して好きなドラマ、物語は、必ず主人公が成長します。苦難に見舞われ、壁にぶちあたり、悩みながらそれを越えていく。**苦難、壁は学びのきっかけとなります。乗り越えようとして深く学び、成長します。**その成長譚《たん》が好きです。みんな成長したい欲求があるのです。

順風満帆、平穏無事に毎日過ごしているのだったら、成長のきっかけがなく、物語になりません。一度きりの人生、自分が主人公の、最高の成長物語にしたいではありませんか。壁にあたったときは、成長のチャンスだととらえて前向きにトライしていきたいものです。

偉人の名言を糧に成長を加速させる

私はスポーツ観戦が好きなので、いろいろなスポーツに人間の成長物語を見て、「自分も頑張ろう」という気になることが多くあります。

序章でも触れましたが、大谷《おおたに》翔平選手が絶好調のときに右ひじの手術が決まり、普通なら大ショックであろうところを、手術を勧められたその日にホームランを2本打ったのには感動しました。

フィギュアスケートの羽生結弦《はにゅうゆづる》選手も、平昌《ピョンチャン》オリンピックの数カ月前に右足首に靭《じん》帯損傷という大けがをしています。それを乗り越えての金メダルですから本当にすごい。

スポーツ選手は常に成長しようとしていて、それが見ている側にもよくわかります。選手を応援しながら自分も励まされるのです。

成長しようと頑張っている人が身の回りにいると、自分自身の成長も加速します。良きライバル、あるいは仲間がいるとありがたいですね。**「あいつがこんなに頑張っているのだから、負けていられない」「自分ももっともっと成長するぞ」という気持ちになって、自分一人で頑張っているよりもさらに先へ行けます。**

成長仲間が身近にいなくてもかまいません。私がテレビで見るスポーツ選手を勝手に成長仲間としているように、好きな分野の人を心の友とすればいいでしょう。

そして、**どんな困難にも立ち向かい、すさまじく成長していった偉人たちを心の師とし**

て持つことです。

西郷隆盛の人生なんて、困難に次ぐ困難です。西郷の才覚を見込んで取り立ててくれた薩摩《さつま》藩主島津斉彬《なりあきら》が亡くなったときには、殉死《じゅんし》も考えました。その後、親しくしていた僧の月照《げっしょう》を斬れと薩摩藩から暗に命じられて、一緒に入水自殺をはかりました。月照は亡くなり、西郷は助かります。それから2度も島流しされます。

詳しくは本文に譲りますが、有名な江戸城無血開城を成すにあたっては、勝海舟との会談の中で「いろ〳〵むつかしい議論もありませうが、私が一身にかけて御引受けします」と言いました。責任はすべて自分で背負う、と肚《はら》を決めた言葉です。

幕府を倒すという大事業を成し遂げたあとも、武士たちの不満をどう解決しつつ日本を近代化させていくかという大変に難しい課題がありました。これにも果敢にチャレンジし、途方もなく大きな人物として成長していったのです。

また、**成長には学びが不可欠**です。儒学者佐藤一斎《いっさい》の「少にして学べば、則ち壮にして為すこと有り　壮にして学べば、則ち老いて衰えず　老いて学べば、則ち死して朽ちず」という名言は、人生いつでも学ぶことが大切だと教えてくれます。

こうした名言を心に持てば、成長も加速していくことでしょう。

名言年齢

143歳

『学問のすゝめ』（福沢諭吉・著　岩波文庫）より

活用《かつよう》なき学問《がくもん》は無学《むがく》に等《ひと》し

福沢諭吉

思想家、教育者。1835生-1901没。緒方洪庵《おがたこうあん》に蘭《らん》学を学び、江戸で蘭学塾（のちの慶應義塾）を開く。合計３度の遣欧米使節に参加。維新後は官職を離れ、慶應義塾での教育と『学問のすゝめ』などの著作で啓蒙活動を展開した。

日本人なら誰でも一度は目にしたことのある『学問のすゝめ』。17編からなるこの啓蒙書は、17編合計で約20年間で340万部を発行したという大ベストセラーです。当時の人口を考えれば、日本人の10人に1人が読んだという驚異的な状況をつくり出しました。

『学問のすゝめ』が書かれたのは、明治初期の激動の時代です。鎖国を解かれた日本はグローバル化の波にさらされることとなりましたし、廃藩置県によって全国で200万人もの武士たちが失業していました。不安が広がる社会に、福沢諭吉は「国民一人ひとりが独立しなければならない」と説きました。

西洋文明をさかんに取り入れながらも、日本の独立を守るには、国民一人ひとりが独立した人格を持っている必要がある。ところが、国民は明治維新後も、身分制度のあった江戸時代の気分をひきずっており「お上に従うのが良い」と思っている。これでは独立していることにならない、という危機感があったのです。

一人ひとりが、「自分で世の中を変えてやろう！」というような意気込みを持つには、学問が必要なのだというのが福沢の考えです。

『学問のすゝめ』といえば、序章の「天は人の上に人を造らず人の下に人を造らず」を思い浮かべる人は多いでしょう。この有名な言葉だけを見て、福沢は平等を説いたのだと勘違いされがちですが、そうではありません。**実は「天は人の上に人を造らず人の下に人を造らずと言えり」となっており、一般に言われている（言えり）と最初に示しているのです。そのあとに「実際の差は何でできるかというと学問だ」という話が続きます。**

「ただ学問を勤めて物事をよく知る者は貴人となり富人となり、無学なる者は貧人となり下人となるなり」。つまり、学問をして物事をよく知る人は地位が高く、豊かな人になり、学ばない人は貧しく、地位の低い人になる……とシビアな話をしています。

では、その学問とはどういうものを指しているのでしょうか。

実学です。現実に役立つ学問をせよと言っています。「論語読みの論語知らず」という言葉がありますが、知識はあっても実践することのない人を福沢は嫌いました。**本を読んだり議論をしたりはしても、現実の生活にまったく役立てないのであれば意味がない。**「活用なき学問は無学に等し」とはそういう精神のことです。

数学も古文も人生に役立つ学びとなる

数学は勉強したけれども、実際の生活には役立てていないから意味がなかったと思う人がいるかもしれません。しかし、数学的な頭の働かせ方が身についたのなら、それは現実に役立っていることになります。

ビートたけしさん（北野武監督）は映画を撮るとき、因数分解を活用しているそうです。たとえば殺し屋Xが、A、B、C、Dと4人を殺していくというシーンを撮るとき、一人ひとり順番に殺害場面を見せていくと間延びして美しくない。これはXA＋XB＋XC＋XDという多項式にあたる。因数分解してX（A＋B＋C＋D）と考えてみると、XがAを殺害したシーンのあと、ただ歩いているXを撮る。そこでXはフェードアウト。その後はB、C、Dの死体シーンを差し込めばいい。たけしさんはもともと数学がお好きで、こういう数学的な頭の働かせ方をしているのです。

私はよくy＝f(x)を使って考えることをします。関数fの「変換」に注目し、その部分をたとえば「ミニ化する」とします。小さくしたことで成功しているものを挙げてみたり、「じゃあ、これも小さくしたら人気が出るのではないか」と応用したりするのです。「ボックス化する」をfとすると、カラオケボックス、プラネタリウム、バッティングセンターなどが浮かびます。数学もこんなふうに活用できるわけです。

古文にしても、「いまの生活に使えないから意味ないじゃないか」と思うかもしれませんが、古文が読めれば『源氏物語』がなんとなくでもわかるようになります。日本最高の長編小説を読める豊かさを思えば、古文を学んでよかったと思うはずです。

「これは日常生活に使わないから学ぶ必要はない」「こっちは役立ちそうだから学ぶ」と分けるのではなくて、**どんな学問も人生に役立たせると考えることが大事です。**

福沢の言う実学も、日常に役立つ知識だけを言っているのではなく、物事の性質を見極めたり、新たな視点を獲得したり、世界の見聞を広めるものなどを含めています。

学問はこうして活用してこそ本当に身につき、人は成長することができます。個人が成長することなしに、国の成長・成熟は見込めません。

インプットはアウトプットを前提に

学んだことを役立たせるとき、発想としては「役立たせる前提で学ぶ」、すなわち**アウトプット前提でインプットするの**がいいでしょう。

人に話して教えてあげるというのも立派なアウトプットです。たとえば本を読んだらその内容を家族や友人に話してみる。実際やってみると、理解のあやふやな部分はうまく話せません。質問にも答えられず、詰まってしまいます。説明するのを前提に読めば、「これはどういうことだろう?」としっかり頭を働かせるから、記憶に残ります。

私は授業の中でも、「これからお話しすることを、30分後にこの中から3人選んで要約を発表してもらいます」ということをします。すると、とたんにみんな真面目《まじめ》に聞きます。30分をなんとなく過ごすのではなく、濃い時間にすることができる。濃い学びの時間を過ごすほど、成長も早くなります。

『学問のすゝめ』の中には人との交際についても書かれています。最終の17編には「交際を広く求むること」という項があります。

「旧友を忘れないだけでなく、新しい友を求めなさい」「10人に会って、その中に一人親友が見つかるのだったら、20人に会えば、それが2人になる」といったことを言い、交際のためには明るくしていないといけないよと言うのです。しっかり自分を持つためには、**自分をオープンにして広く交際し、学ぶことが重要だ**と言うのです。

『福翁《ふくおう》自伝』を読むとよくわかりますが、福沢はオープンでカラリとした性格の人でした。前向きで明るい、スッキリした人です。そんな福沢が明るく「活用なき学問は無学に等し」と言って、成長を促してくれている。**自分の中だけに閉じずに、学んだことをどんどん活用していきましょう。**

名言年齢

約325歳

向井去来《きょらい》による俳諧論書『去来抄《しょう》』より

不易《ふえき》を知《し》らざれば基立《もとた》ち難《がた》く、流行《りゅうこう》を知《し》らざれば風新《かぜあら》たに成《な》らず。

(不易流行《ふえきりゅうこう》)

松尾芭蕉

江戸時代前期の俳人。1644生-1694没。京都で北村季吟《きぎん》の指導を受けたのち江戸に下り、才を認められて談林派江戸宗匠《そうしょう》となる。深川の芭蕉庵に移り、独自の蕉風俳諧《はいかい》を打ち立てた。各地を旅して紀行俳文を残す。代表作『奥の細道』。

テクノロジーの進歩はめざましく、価値観も多様化する、変化の激しい時代です。新しい技術やサービスが次々に生まれ、あっという間に世界中でシェアされていきます。いままでと同じことをしているだけでは生き残れない……。そんな危機感をあおる言葉もよく見受けられます。

時代の変化にどう対応していくか、その心構えを説いているのが「不易流行」。いつまでも変わらない本質的なものに、その時代に合わせた新しい工夫を加えるということです。松尾芭蕉《ばしょう》が唱えていた理念で、弟子の向井去来《きょらい》が『去来抄《しょう》』の中で芭蕉の言葉として説明しています。

去来曰く、蕉門《しょうもん》に千歳《せんざい》不易の句、一時流行の句と云ふあり。是《こ》れを二つに分けて教へ給へども、其元《その》は一なり。不易を知らざれば基立ち難く、流行を知らざれば風新たに成らず。

（『日本古典全集　芭蕉全集　前』附録「去来抄」与謝野寛 等編　日本古典全集刊行会）

「千年変わらない句と、一時流行の句というのがある。師匠である芭蕉はこれを二つに分けて教えたが、その根本は一つというのが本意である。不変の真理を知らなければ基礎が確立せず、変化を知らなければ新たな進展がない」ということです。

不易と流行を両立させるというのが、芭蕉の際立ったところでした。

芭蕉の最も知られた句としては「古池や蛙《かわず》飛び込む水の音」があります。当時一世を風《ふう》靡《び》していた俳諧の一派である談林派と一線を画したこの句は、「蕉風俳諧」の象徴となりました。もともと芭蕉も西山宗因《そういん》を祖とする談林派に影響を受け、談林派の宗匠《そうしょう》（先生）となっていました。談林派の特徴は、自由で滑稽《こっけい》味があり、遊戯的・即興的であることです。伝統的な作法を重んじる貞門《ていもん》派に対するアンチとして出て、人気を集めたのです。「古池や蛙飛び込む水の音」も、もとの案は談林風に「古池や蛙飛ンだる水の音」だったようです。しかし芭蕉はもっといい表現はないか、新しい工夫はできないかと探し、最終的に「古池や蛙飛び込む水の音」として完成させました。自然の静寂さが引き立ち、詩情あふれる画期的な句となったのです。**表現したいことは普遍的なものですが、同じやり方を繰り返すのではなく、新しい風を吹かせたいと思い工夫をする。そんな芭蕉の美意識を私たち日本人は受け継いでいるはずです。**

テレビ番組の俳句コーナーに見る「不易流行」

ＴＢＳの「プレバト!!」という番組の中で、俳句のコーナーはとても人気があります。民放の番組で俳句が人気になるとは。私は大変驚きました。タレントさんたちの俳句と、それを添削する夏井いつき先生のコメントをいつも楽しみにしています。夏井先生は、本人の感性と新しい発想を褒めつつ、よりよい言葉の使い方を教えてくれます。実際、添削後はぐっと良くなる。「なるほどなぁ」と感心してしまいます。

印象に残っている俳句はたとえば、千原ジュニアさんの「７５０cc（ナナハン）のタンクにしがみつく寒夜」。お題は「冬の帰り道」です。信号待ちのとき、冷えた手をタンクで温めるシーンが思い浮かびますね。私もバイクに乗っていたことがあるので、寒い日、確かにタンクで手を温めたことがあるのを思い出しました。でもそんなことは忘れていたし、ましてや俳句にしようなどと思いません。千原ジュニアさんの発想の面白さ、新しさを感じました。

フジモンさん（ＦＵＪＩＷＡＲＡ　藤本敏史）も、いつも面白い句を出して夏井先生を唸《うな》らせています。「夏休みの宿題」というお題のとき、フジモンさんは「マンモスの滅んだ理由ソーダ水」と詠みました。「マンモスの滅んだ理由」と「ソーダ水」という一見まったくつながらない言葉をつなげたのが面白い。「ソーダ水」という言葉で、子どもの夏休みが思い浮かびます。宿題で博物館へ行き、マンモスの滅んだ理由を調べた子どもが喉《のど》をうるおし、一息ついている情景です。

　フジモンさんに直接お会いしたとき「あの句は素晴らしかったですね」と絶賛したところ、「いや、もう本当にドキドキで。俳句のことばかり考えています」とおっしゃっていました。とにかくたくさんの俳句を読んだり、基本を学んで努力を続けているそうです。

　俳句ですから、五・七・五の十七音の定型詩であることや季語を入れることなど、ルールがあります。歴史もあります。それをふまえて、時代に合った新しい試みをしていく。

「プレバト!!」では、才能あり・なしの順位付けをしながらそれを面白がるわけです。そんな遊びがいまもこれだけ人気があると知ったら、芭蕉は何と言うでしょうか。私は芭蕉の精神がいまも受け継がれているのだなぁと頼もしい思いで見ています。

「不易を知らざれば基立ち難く、流行を知らざれば風新たに成らず」は良い俳句をつくるための心構えですが、あらゆることに通じます。**「不易流行」はビジネスや経営の理念として語られることも多いですね。変えてはいけない本質的な部分と、時代環境に合わせて変化していくべき部分を両方持ち合わせなければ、安定的な経営はできない**でしょう。

教育においても同じです。たとえば現代はコンピューター関連の知識は必須になりつつあります。ツールもタブレットや、インターネットを介したものが増えています。こういった流行に合わせることは大事です。同時に、本質を見失ってはなりません。

「流行」にも勉強が必要

若い人は「流行」が得意なのではないでしょうか。職場でも、新入社員が入ってくればそれだけで新しい風が吹きます。その時代の感性というものがあり、新しい工夫につながるものを発想しやすいでしょう。

ただ、勉強不足はやはり困ったことになります。自分では新しいと思っても、「それはすでに100人くらいが考えたよ」と言われるかもしれません。斬新なミステリー小説を書くことができるのは、ミステリーの古典をおさえ、あらゆるトリックをすでに知っているからです。**新しいものを生み出すにも勉強が必要なのです。**

基礎を知ったうえでの新しい工夫。

「不易を知らざれば基立ち難く、流行を知らざれば風新たに成らず」は、すべての日本人にとって重要な心構えを教えてくれています。

名言年齢

151歳

『氷川清話《せいわ》』（勝海舟・著　講談社学術文庫）より

いろ〳〵むつかしい議論《ぎろん》も
ありませうが、
私《わたくし》が一身《いっしん》にかけて御引受《おひきう》けします

西郷隆盛

明治維新の指導者。1828生-1877没。薩摩藩の武士出身。藩主島津斉彬に取り立てられ、その後坂本龍馬の仲介で木戸孝允《たかよし》と薩長同盟を結び、勝海舟との交渉で江戸城無血開城を実現。征韓論をめぐる政争に敗れたのち、西南戦争で敗北、自決した。

明治維新の指導者であり、常に人気の高い英雄、西郷隆盛。人望が厚く多くの人に慕われながら時代を動かした西郷は、日本人の理想のリーダー像として語られることも多くあります。

その類《たぐい》まれなるリーダーシップの要素となるものを2つ挙げるなら、「肚《はら》」と「情《なさけ》」です。

まず西郷は大きな「肚」を持っている。何があっても泰然自若《たいぜんじじゃく》としていて、細かいことは気にしません。部下の失敗も、自分の肚におさめます。西郷は身体も大きかったが、精神的にも大きかった。肚の据わった、器の大きな男です。

そして、「情」がありました。慈愛の心にあふれ、部下の思いは「情」で受け止めました。

よく知られている通り、「征韓論」も西南戦争も、明治維新によって特権を奪われた士族たちの溜まりに溜まった不満を解消するためのものでした。西郷は彼らの思いを受け止め、自分はここで死のうと覚悟を決めていたのです。

「征韓論」に端を発する明治六年政変では、西郷が陸軍大将を辞任して鹿児島へ帰るとき、中央で役人や軍人をしていた人が600人も辞職しました。

敵として戦った人たちも、一様に西郷の大きさに感服しました。西郷の言葉を集めた『南洲翁遺訓《なんしゅうおういくん》』は、戊辰《ぼしん》戦争において敵方であった庄内藩士たちがまとめたものです。西郷の死後、立場を超えて多くの人たちがその死を悼《いた》んだことからも、いかに敬愛されていたかがわかります。

西郷VS勝、肚の据わった男同士のトップ会談

「いろ〱むつかしい議論もありませうが、私が一身にかけて御引受けします」は、そんな西郷の大きさがよくわかる名言です。この言葉は、勝海舟の談話をまとめた『氷川清話《せいわ》』の中で語られています。

ときは1868年。薩長を中心とした討幕軍の代表が西郷隆盛。徳川慶喜《よしのぶ》の首を取るまで気が済まないぞといわんばかりの、血気盛んな武士たちが江戸城に向かいます。かたや幕府側の代表が勝海舟です。勝は西郷へ会談を申し込みます。かくして西郷隆盛と勝海舟のトップ会談が江戸の薩摩藩邸で行われました。勝は、江戸城は明け渡すから、戦《いくさ》はやめてくれ、徳川家も存続させてくれと言います。

さて、いよ〱談判になると、西郷は、おれのいふ事を一々信用してくれ、その間一点の疑念も挟まなかつた。「いろ〱むつかしい議論もありませうが、私が一身にかけて御引受けします」西郷のこの一言で、江戸百万の生霊《いきりょう》も、その生命と財産を保つことが出来、また徳川氏もその滅亡を免れたのだ。

(『氷川清話』勝海舟・著　江藤淳、松浦玲・編　講談社学術文庫)

討幕軍はみんな戦をしたがっています。なぜ徳川家を滅ぼさないんだという話になるでしょう。その荒ぶる討幕軍を抑えなければならないという大きな課題がありながら、「私が一身にかけて御引受けします」という心意気。なんとすごいリーダーなのでしょうか。

「これは誰々に聞かないといけない、こっちは誰の責任であっちは誰のせい」などとやっていれば到底成し遂げられません。すぐに約束を破ったり、責任の所在をあいまいにしたりするトップ会談も多く、交渉決裂するわけですが、そういうトップは西郷のこの言葉を肝に銘じなければなりません。

私は中学2年生の頃、この『氷川清話』を愛読書にしており、毎日持ち歩いていました。友達に「おまえ、なんでいつもその本持っているの」と聞かれて、「気に入っているから」と答えたことが今も記憶にあります。カバンに入れておくと、西郷の肝っ玉の大きさをいつも感じられる気がしていました。

責任感と当事者意識が、成長を促す

簡単なことでもいいから、「いろいろむつかしい議論もありませう（しょう）が、私が一身にかけて御引受けします」と言ってみてほしい。**声に出して言うと、肚に西郷がいて成長を助けてくれる気がします。**

西郷がしたような大きな仕事でなくても、責任感を持ち、当事者意識を持ってことにあたるシーンはいくらでもあるでしょう。お客様と交渉をする中で、社に帰ったらいろいろ言われる部分もあるかもしれない、でも「私がお引き受けします」。こんなふうに言えたらかっこいいですね。もちろん安請け合いをして約束を守れなかったらいけませんから、「確率は3割くらいかもしれませんが、とにかくやってみます。ゴタゴタは私がお引き受けします」というふうにやる。そして成功したら信頼関係は深まります。

みんなが人任せにして、誰のせい誰のせいと言っていては、成長はのぞめません。「そっちが言ったから」「いや、あの団体がこう言ったから」「省庁がこうだから」とやっているうちにうやむやになってしまう。誰も犯人が見つからず、したがって改善しようにもどうしたらいいかわかりません。

逆に責任を自分の身に引き受けるという姿勢こそ、責任感や当事者意識を持っているということです。西郷の生き方から大いに学びたいところです。

『氷川清話』の中から、西郷と勝に関する大好きなエピソードをもう一つ。

人見寧《やすし》という血気盛んな男が勝海舟に「西郷に会いたいから紹介状を書いてくれ」と言ってきます。よくよく話を聞いてみると、人見は西郷を刺すつもりらしい。そこで勝は「この者はあなたを刺すつもりだそうだが、ともかく会ってやってくれ」という紹介状を書くのです。暗殺なんて普通にあった時代です。それなのに紹介状を書いちゃうのですね。

西郷は西郷で、「勝の紹介なら会ってみよう」と人見を迎え入れます。そして、「旅先で腹が減ってたまらぬから芋を買ってきた。こんなふうに寝転がって16文の芋を食っている俺に、天下のことなどわかるわけないではないか」と大口を開けて笑うのです。

人見はびっくりして、「こりゃあたいした豪傑だ、刺すどころではない」と帰ってきたというのです。勝も西郷も、肝っ玉の大きさがハンパではありません。

名言年齢

約76歳

山本五十六《いそろく》がしばしば口にしていた言葉

やってみせ　言《い》って聞《き》かせて
させてみて　褒《ほ》めてやらねば
人《ひと》は動《うご》かじ

山本五十六

海軍軍人。1884生-1943没。太平洋戦争時、連合艦隊司令長官として「真珠湾攻撃」や「ミッドウェー海戦」を指揮する。前線視察の際、ブーゲンビル島上空で戦死。最終階級は海軍大将で、死後に元帥の称号を追贈された。

「やってみせ　言って聞かせて　させてみて　褒めてやらねば　人は動かじ」は、山本五《い》十六《そろく》の有名な言葉です。

まさに現代の指導法のようですが、**戦時中の、しかも海軍軍人が言った言葉だというのですから驚きですね**。当時の軍隊は、言うことを聞かせるためには殴る。気合を入れるために殴る。「気をつけ！　歯を食いしばれ！」という世界です。その連合艦隊司令長官という現場のトップになった山本五十六が「褒めろ」と言っているのです。そんなギャップがこの言葉の魅力の一つになっています。

山本五十六といえば、太平洋戦争のきっかけとなった「真珠湾攻撃」の指揮をした人物として有名です。しかし、実は山本は開戦に反対でした。実際にアメリカを見て回ったことのある山本は、「長期戦になれば、資源の乏しい日本がアメリカに勝てるはずがない」と思っていました。ドイツ・イタリアとの三国同盟にも猛然と反対をし、過激派に命を狙われたこともあります。死を覚悟して書いた「この身滅ぼすべし、この志奪うべからず」という遺書が残っています。命の危険をかえりみず、あくまで反対し続けたのです。

しかし、そんな願いも虚しく、日本は開戦準備を進めます。そして、皮肉にも連合艦隊司令長官の職にあった山本が、対米戦の指揮をとることになったのでした。当時の近衛《このえ》文《ふみ》麿《まろ》首相に日米開戦になった場合の見込みを聞かれて、このように答えたと言われています。

「是非やれと言われれば、初め半年や一年は、ずいぶん暴れて御覧に入れます。しかし二年、三年となっては、全く確信は持てません。三国同盟が出来たのは致し方ないが、かくなった上は、日米戦争の回避に極力御努力を願いたいと思います」

（『山本五十六』阿川弘之・著　新潮社）

冷静な分析のもと、強い信念を持っていた山本の言葉だと考えると、「やってみせ　言って聞かせて　させてみて　褒めてやらねば　人は動かじ」はより重く受け止めるべき精神だという気がしてきます。自分の名誉どころか命さえかえりみず、**国のために決死の覚悟で指揮をしていた人が、「褒めろ」と言っているのです。**

怒鳴ったり殴ったりして、動いてくれるならいい。しかしそれでは萎縮して言いなりになるだけです。モチベーションは下がり、強い組織にはなりません。山本は軍での指導経験などを通じて、そのように認識していたのでしょう。

成長につながる指導法、４つのステップ

この名言を分解してみると、４つのステップから成り立っています。これは教育の現場でも仕事の場でも、人の成長を促すために大変重要な指導法です。

まずやってみせる。指導する側がやってみせる姿勢を持っているのは大事です。また、指導者の力量が試されるところでもあります。「やれ」と言うだけで教える本人ができないのでは説得力がありません。

次に言葉で説明します。どういう手順で、何に気をつけてやるのか、その理由は何かといった説明をするわけです。

そのうえで実際に本人にやらせてみます。そして最後のステップとして褒めることで、「もっと頑張ろう」という気持ちを引き出すのです。

それほど難しい流れではありませんが、実際にはどれかを省いてしまうことが多いものです。実際にどうやるか見せてもくれず、説明もないのにただやらされる。あるいは、やたらと説明するわりには、やらせてはくれない。やらせてはくれたが、ノーコメント。そんなことだってよくあります。コメントしないのはやはり上司としてダメなパターンです。

上司はコメントが仕事です。コメントによって部下の仕事を修正していく。その際、ポ

ジティブなコメントにすると勢いがつきます。「これがないのがちょっとなぁ」ではなく、**「あとこれを足せば100点になるよ」と言って、褒めつつ伸ばします。褒めコメントこそが相手の成長を促すのです。**

平成から令和になりました。ようやく、部下を伸ばすには褒めることだという考えが浸透してきました。さすがに、部下を罵倒したり殴ったりという人は少ないと思います。ただ、実際に褒めることができているかどうかというと、まだまだかもしれません。私は企業でコミュニケーションセミナーをやることもあります。そのときに上司の方々に褒める練習をしてもらいますが、うまくできない人はたくさんいます。人を褒めるのも、そう簡単ではないのです。

相手も自分も成長できる「褒めは人のためならず」

教員養成をしている大学の授業の中で、褒めコメントをし続けるというのをやったことがあります。全員に紙とクレヨンを渡し、下手でも何でもいいからとにかく絵を描いてもらいます。それを一人ずつ前に出てみんなに見せます。その絵を見た全員が、褒めまくるのです。そして、褒められた人は「どの褒めコメントが一番良かったか」を発表するのがポイント。歯の浮くようなお世辞、実情に即していないコメントは選ばれません。「一番頑張ったところを気づいてもらえた」「こだわったところを褒めてもらえた」というのが嬉しいわけです。褒めるほうはちゃんと見て、具体的に言わなければなりません。

これを全員やると、最後にはみんなグッタリ疲れています。褒め疲れです。そこで私は「教師とはこういう仕事なんだよ」と言っています。

私が小学校1年生の頃、毎日絵日記を書いては先生が一言褒めコメントをつけて返してくれるというのを1年間続けていました。おかげで、私は1年生の段階でもうある程度文章が書けるようになっていました。先生が褒めてくれるから、嬉しくてどんどん書いたのです。褒められることは成長のエネルギーになります。

成長したいと願ったとき、**「よし、人に褒められよう」と思う前に「自分はちゃんと人を褒めているだろうか？」と考えてみてほしい。**「情けは人のためならず」と言います。情けをかければ、めぐりめぐって自分に返ってくる。これになぞらえて言えば「褒めは人のためならず」です。全然人を褒めないのに、自分だけ褒められるわけがありません。人を褒めて成長を促してあげるほど、それが回り回って自分の成長にもなっていくはず。ポジティブなコメントがやりとりされ、みんなが成長できる社会を願っています。

名言年齢

170歳

『言志四録《げんししろく》』（佐藤一斎・著　講談社学術文庫）より

少《しょう》にして学《まな》べば、則《すなわ》ち壮《そう》にして為《な》すこと有《あ》り
壮《そう》にして学《まな》べば、則《すなわ》ち老《お》いて衰《おとろ》えず
老《お》いて学《まな》べば、則《すなわ》ち死《し》して朽《く》ちず

佐藤一斎

江戸後期の儒学者。1772生-1859没。美濃岩村藩の家老職の家に生まれ、藩主の子、林述斎《じゅっさい》とともに儒学を学ぶ。中井竹山《ちくざん》につき陽明学も学び、林家の塾頭をへて昌平坂《しょうへいざか》学問所教授となる。門弟には渡辺崋山《かざん》や佐久間象山《しょうざん》らがいる。

西郷隆盛や吉田松陰など幕末の志士たちに大きな影響を与えた、いわば先生の先生が佐藤一斎です。江戸時代に儒学を学ぶ学校の最高峰であり、江戸幕府直轄の学校だった「昌《しょう》平坂《へいざか》学問所」の教授だった人です。有名な幕末の思想家・佐久間象山《しょうざん》の師匠でしたから、吉田松陰は孫弟子にあたります。

佐藤一斎が後半生40年余りを費やして著した『言志四録《げんししろく》』は、4書計全1133条におよぶ語録であり、人生指南の名著として読み継がれています。西郷隆盛が不遇のときに座右の書とし、多くの言葉を書き写していた話は「はじめに」の中で触れましたね。

その『言志四録』の中でもとりわけ有名なのが、今回取り上げている名言、「三学の教え」です。

少にして学べば、則ち壮にして為すこと有り
壮にして学べば、則ち老いて衰えず
老いて学べば、則ち死して朽ちず

「少年のとき学んでおけば、壮年になってそれが役に立ち、何事か為すことができる。壮

年のとき学んでおけば、老年になっても気力の衰えることがない。老年になっても学んでいれば、見識も高くなり、より多く社会に貢献できるから死んでもその名の朽ちることはない」という意味で、「少・壮・老」それぞれの時期に学ぶべき意義があることを説いています。

一斎は儒学者ですから、おおもとには孔子の思想があります。『論語』の最初が「学びて時に之《これ》を習う、またよろこばしからずや」です。「学び」こそ中心なのです。

学び続けるために、ワクワク感を基準にしよう

学ぶとは人の言っていることをきちんと理解し、身につけるということです。その基本は読書でしょう。**本には古今東西の偉大な人たちの知見が詰まっています。若いときも、中年になっても老年になっても、一日のうちに必ず少しは読書の時間をとることで、いつまでも朽ちずに、良い精神というものを保つことができます。何事か為すのも、頭が衰えないのもすべて学ぶことによる**のに、一日のうちにまったく本を読まないとすれば、これはちょっとどうかしています。

ところが、いまや「1日の読書時間ゼロ」の大学生が半数を超えています（全国大学生

活協同組合連合会「第53回学生生活実態調査」より)。学ぶのが仕事であるはずの大学生が、まったく本を読んでいない。この国はいったいどうやっていくつもりなんだと、危機感を覚えてしまいます。ネット上の文章は読んでいるのでしょうが、本を読むのとはやはり体験の質が違います。

読書は、著者と一対一で話を聞いているような濃い体験ができるものです。途中で逃げ出したくなっても、「著者の先生が一生懸命言っているのだから、もうちょっと頑張ってみよう」と耐える。「わからないから、はい次の人」「つまらないから、はい別の人」というわけにいきません。それもまた読書の醍醐味《だいごみ》です。ちょっと頑張って読み続けると、新しい地平が開けたり、体験としてしっかり刻み込まれたりするのです。

大学の授業で、クラス全員が本を1冊ずつ選んで紹介するというのをやっていたことがあります。本の中から文章を3つセレクトして引用するとともに、おすすめポイントを発表します。毎週これをやると、週に1冊は本を読まなければなりません。それなりの負荷だったでしょうが、好評でした。30人のクラスで10回やれば、300冊分のレジュメができます。人に紹介してもらうと読みたくなり、読書の習慣が加速していったようです。

学生たちのことを見ても、みんな決して学ぶのが嫌いなわけではありません。本来みんな好きなのです。ただ、楽しさを忘れているだけです。小学生の頃は、学校で学ぶのが楽しくてワクワクしていたはずです。**新しい物事に触れるというのは、本来とても面白いものです。**

そして、**何歳になっても学ぶのだと考えると、これから先もずっと新しいことに触れて驚いたり面白がったりしながら成長し続けることができるわけですから、生きることが楽しくなります。**「もう年だから、いまさら英語なんて」とか「もうちょっと若かったらプログラミングもやってみたかった」などと言わず、やりたいと思ったら「いまが始めどき」です。

受験勉強を終えている大人の人ならとくに、好奇心やワクワク感を大事に学ぶといいのではないでしょうか。自分で選んだ楽しいものなら、勉強も苦になりませんよね。ワクワクの対象は人それぞれ、どんなことでも学びです。海外旅行が好きな人なら、旅行に行く前にその国の地理、歴史、言語を学ぶというのもいいでしょう。現地に行って学んだことが実際に活かされればさらに楽しく、勢いがつきます。

学ぶ意欲のある人は、何歳だろうと若々しく魅力的に見えるものです。年を取っても学び続けている人はいきいきとしていて若く、寿命も延びるのではないでしょうか。

第4章

人付き合いに悩んだとき

人付き合いは試行錯誤で「傾向と対策」をつかむ

人の悩みの大半は、人間関係にまつわるものだといいます。

職場に意地悪な人がいる。部下がこちらの意図するように動いてくれない。周りはラクそうなのに、自分は損な役まわり。ご近所さんと会話が続かず気まずい。家族、親戚が口うるさくてときどき嫌になる。悩みが多い、あるいは深いと「自分は人付き合いが苦手だ」と思い込んでしまうかもしれません。

しかし、誰しも最初から人付き合いが得意で、失敗ナシということはないのです。得意そうに見える人は、過去にいろいろな失敗をし、経験を積んできているもの。そういう人も、たとえば社会人1年目には、社会人としての人付き合いは初心者マークです。どうすればうまく人間関係をつくっていけるか、少しずつ学んで身につけていくはずです。

初めて親になるというのもそうでしょう。いくら人付き合いが得意だと自負している人だって、自分の子への対処の仕方には七転八倒します。まず、相手が何を言っているかわからない。こちらが何を言っても聞かない。これまでの人間関係の常識が通用しません。経験を積むうちに、「この泣き方にはこう対処する」とわかるようになり、信頼関係が築かれていくのです。
ですから、人付き合いとはそういうものと思って、**悩んだら少しずつ自分の対応の仕方を変えてみることです。**いつも同じ結果になるのは、同じパターンで行っているからです。**試行錯誤して「傾向と対策」をつかむのが賢いやり方です。**

たとえば、これまでなんとなく苦手で雑談を避けてきた人に、自分から話しかけてみる。口うるさい上司には、小まめに報告をしてみる。ちょっとしたことでも、実験のつもりで変化をつければ何かしら結果が得られます。

また、人付き合いの中での失敗や、うまくいかないパターンを整理してみるというのもいい方法です。たとえば、ある人とは2人でお酒を飲むとお互い感情的になって雰囲気が悪くなるな、と気づいたら、3人以上で飲もうとか、2人のときはお茶にしようとか、対策を考えられます。

自分が変われば相手が変わる。名言をその指針に

人の価値観や気質、個性は本当にさまざまです。自分の感じるように相手も感じるとは

限らず、まったく違うことを考えているかもしれません。だから難しいし、同時に面白くもあります。

そして、**自分が変われば、相手も変わるのが「人間関係」です。関係は固定したものではなく、変化していきます。これは複数人数のチームも同じです。**スポーツチームや趣味のサークルにしろ、職場の部署にしろ、自分が変われば全体に変化があります。「自分一人だけ変わっても大差ないだろう」と思うかもしれませんが、そんなことはないのです。

それではどんな変化をつけてみようか、というときに大いに参考になるのがこの章で紹介する名言です。

聖徳太子の「和を以《もっ》て貴《とうと》しとなす」は有名すぎる名言ですが、学生時代の私は反対のことをしていました。法学部に在籍していた当時、友人を相手に論破して悦《えつ》に入《い》っていたのです。お酒の席で議論を吹っかけては理屈で相手を黙らせ、喜んでいました。一種の知的ゲームのつもりでしたが、次第に仲間内の飲み会に呼ばれなくなってしまいました。友人にしてみたら、理屈でやりこめられてばかりいたのではお酒もまずくなるというものでしょう。当然の帰結です。

このとき私は深く反省をしました。**筋の通った理屈で議論に勝ったとしても、それが人**

に喜ばれるわけではありません。そもそもディベートの文化が根付いていない日本では、議論で勝ち負けをハッキリさせるということ自体が馴染まない。感情的なしこりを残すことにもなってしまいがちです。

聖徳太子は、みんなで議論することを重視していました。それも「和」のためです。「和を以て貴しとなす」も、じゅうぶんに議論したうえで、みんなが協調できるようにしなさいということです。よく議論せず、一部の人の意見で突っ走っては争いになります。とはいえ、自由に議論したうえでの協調というのはなかなかレベルの高いものでもあります。それを「貴い」とする精神文化があるわけです。

また、比較的新しい名言として「いじわるされるたびに　しんせつにしてやったらどうだろう。」というドラえもんの言葉があります。いじめられたのび太がジャイアンに仕返ししても、さらにひどい目に遭うことがわかっている。それなら逆転の発想で、対応を変えてみるというわけです。

こうした名言は、短くシンプルながら示唆に富んでいます。人付き合いにおいて同じパターンから抜け出せないときは、こうした名言を自分のものにして、うまく変化をつくってほしいと思います。

名言年齢
431歳

『山上宗二記《やまのうえのそうじき》』（山上《やまのうえ》宗二が1588年に著した茶道具の秘伝書）より

一期《いちご》に一度《いちど》の参会《さんかい》の様《よう》に、
亭主《ていしゅ》をしつして威《お》づべきとなり。
（一期一会《いちごいちえ》）

千利休

安土桃山時代の茶人。1522生−1591没。堺の魚問屋の子として生まれる。10代で茶を武野紹鷗《じょうおう》に学び、織田信長、豊臣秀吉の茶頭《さどう》となる。侘《わび》茶を大成し、草庵風の茶室様式を築いた。政治にも参画するに至ったが、秀吉の怒りに触れ自刃《じじん》。

誰もが知っている「一期一会《いちごいちえ》」という四字熟語は、茶道に由来します。一流の茶人でもあった幕末の大老、井伊直弼《いいなおすけ》が「一期一会」を茶道の一番の心得として著書『茶湯一会集《ちゃのゆいちえしゅう》』に記し、広めました。そしてこの言葉は、千利休の教えがもとになっています。今日まで続く日本伝統の茶道を大成した千利休は、自著は残していませんが、弟子の山上宗二《やまのうえそうじ》が利休の言葉を書き残しています。

路地へはいるから立つまで、一期に一度の参会の様に、亭主をしつして威づべきとなり。公事の儀、世間の雑談、悉く《ことごと》無用なり。

「路地へ入るときから茶の湯が終わって帰るときまで、一生に一度しかない機会と心得て、亭主の心遣いに関心を寄せ、その心遣いに敬服するべきである。訴訟や市井の様々な話は、一切話題にしてはならない」

（『山上宗二記（現代語訳）』竹内順一・編　淡交社）

これは「客人振《きゃくじんぶり》」（客としての振る舞い）の中の一節です。客を迎える亭主のほうも、一生に一度の機会と思って客を敬い、誠意を尽くしておもてなしをしますが、客のほうもその心遣いに敬服しつつ受け止めるべきだと言っているのです。

利休が人生最後にたてたお茶

こちらは招かれている客なのだからと、ぞんざいな態度をすることは利休の美学に反します。利休がつくったとされ、国宝になっている「待庵《たいあん》」はたった2畳ほどしかなく、極限までそぎ落としたと言えるシンプルな茶室です。中へ入るには、にじり口という縦横60センチほどの小さな入口から身をかがめていくしかありません。刀を差したまま入ることはできないので、茶室の外にある刀掛けに置いていきます。

天下人豊臣秀吉もこれに従うしかありませんでした。茶室の中では対等であり、双方が相手を敬うのだという考えが表れています。

秀吉も利休には絶大な信頼を寄せ、政治の面でもブレーンとして重用していました。ところが、権力におもねることなく美学を貫く利休は、あるとき秀吉の怒りを買ってしまいます。原因には諸説あり、はっきりとしたことはわかっていません。2人の間のわだかまりの発端の一つは、利休の愛弟子である山上宗二を秀吉が処刑したことだとも言われています。やはりアーティスト気質の山上宗二は、秀吉に向かって恐れることなく意見し、それが怒りに触れて殺されてしまいました。利休にとってショックな事件だったに違いありません。

その翌年、利休は秀吉に切腹を命じられます。切腹の命を知らせに使者がやってくると、利休は「お茶の支度ができております」と言って、最期のお茶をたてたそうです。その後、自刃しました。当時武士のみに許されていた切腹ですが、千利休は、茶人でありながら恐ろしいほどの潔さで、脇差しを突き立てたのです。

自らの死を目前にして、しかもそれを伝えに来た使者に対して心を尽くし、お茶を振舞うとは、やはり常人ではありません。使者はそれこそ一期一会の気持ちで、畏《おそ》れ敬いながらお茶をいただいたことでしょう。

「一生に一度の言葉だ」と思って耳を傾ける

人に何かしてもらうときは、「一期に一度の参会の様に、亭主をしつして威づべきとなり」の気持ちで受け取るのがいい。謙虚な気持ちで、相手のしてくれていることを味わおうとすると、深く心に入ってきます。

上司や先輩、家族が言ってくれている言葉を、「これが最後の言葉かもしれない」と思って聞いてみてください。普段なら聞き流してしまって覚えていないことも、「ああ、こんないいことを言ってもらった」と思えることでしょう。相手の言葉もさらに引き出されるかもしれません。

不思議なもので、こちらの気持ちを変えると人間関係は変わります。どうも相性が良くないと思っている相手でも、謙虚な気持ちで話を聞くようにするだけで、人が変わったように関係がスムーズになったりします。

上司が定年や異動でいなくなるとわかると、それまで「嫌味な上司だな」と思っていたのが、「こんなことも言ってくれた」などとポジティブな面に目がいくようになるのもよくあることです。**一生に一度の機会だと思えば、普段見えていない部分も見えるようになります。その人が心遣いしてくれている部分にも気づけます。**

少し話はそれますが、**本も、一つの人格を持ったものとしてとらえると、やはり一期一会の精神によって著者との関係性が変わり、受け取るものも変わります。**

たとえば「経営の神様」と言われる松下幸之助の本を読むと、どれもだいたい「素直になりなさい」ということが書いてあります。普通の人が言ったら、「まぁそうでしょうね」くらいのことかもしれません。でも、目の前に松下幸之助がいて、自分のために言葉をくれるとします。一生に一度の機会をもらって、そのときに「素直が大事ですから、素直になりなさい」と言ってもらえたとしたら、心に響くはずです。

そして、実際に素直さを徹底的に意識して生活してみたら、人生が変わるほどのインパクトがあるに違いありません。そのような心構えで読むということです。

「一期一会」は、人との出会いによく使われます。明日も明後日も会える、というのでなく、この出会いは一生に一度きりで、もう会えないかもしれないという心構えで、目の前の人を大切にしようということですね。

人間はどうしても慣れてしまうもの。慣れてしまって、当たり前だと思ってしまう。「一期に一度の参会の様に、亭主をしつして威づべきとなり」は新鮮さを取り戻すのに役立つ言葉です。**常に新鮮な気持ちで、相手を敬い、この瞬間を大切にすることができれば、どれほどの豊かな時間を過ごせるでしょうか。**人間関係と人生を積極的に豊かにしていくパワーのある言葉として、心に刻んでおきましょう。

名言年齢

43歳

『ドラえもん』第11巻（藤子・F・不二雄・著　小学館）所収「ジャイアン心の友」より

いじわるされるたびに
しんせつにしてやったらどうだろう。

藤子・F・不二雄

漫画家。1933生-1996没。本名藤本弘。小学校の同級生安孫子素雄《あびこもとお》と合作で藤子不二雄名義で漫画を描き始める。代表作に『ドラえもん』『パーマン』など。1987年にコンビを解消し、藤子・F・不二雄として『大長編ドラえもん』を中心に執筆活動をした。

心優しいいじめられっ子、のび太のモデルは藤子・F・不二雄自身であるようです。

子どものころは一言で言うと、のび太の生活でした。どの教室にもボスがいて、ドンケツがいる。僕はそのドンケツ。（中略）

ドラえもんみたいにイジメっ子をギャフンと言わせるものが、ポケットから出てきたらいいなと思ってましたけどね。

（『藤子・F・不二雄の発想術』ドラえもんルーム・編　小学館新書）

のび太くんが、ジャイアンにいじめられてドラえもんに助けを求めるのは定番の流れですが、あるときドラえもんはこう言います。

「いじわるされるたびに　しんせつにしてやったらどうだろう。」

のび太くんは「そんなばかな。」と驚きますが、ドラえもんは、**仕返ししてもまた仕返しされるだけできりがないから、逆に親切にしたほうが心が通じて意地悪されなくなる**と考えたのです。そこでのび太くんは、歌うのが好きなジャイアンのために、レコードを作ることができる道具を貸してあげます。ジャイアン大感激。涙を流して「今からおまえは、おれの親友だ！　心の友だ！」と言って、いじめるのをやめます。

「感じの悪い人」に出会ったら、人付き合いを学ぶチャンス

暴力に対して暴力で返す、仕返しするというのではなく、逆に優しくすると相手は「あれっ」となる。風向きが変わって関係も変化していくというのは確かにあります。

たとえば職場でも、嫌みを言いがちな人など感じの悪い人の一人や2人はいるものです。嫌なことを言われて、「悔しい〜！　そっちがそうなら、こっちだって！」と感じ悪く振る舞うのでは、関係は固定したままです。それなら、「いじわるされるたびに、しんせつにしてやったらどうだろう」の精神で、「素敵なお洋服ですね」と褒めてみたり、缶コーヒーやお菓子を持っていってみる。その人が得意なことを教えてもらう、アドバイスをもらうなんていうのもいいですね。誰しも、親切にしてくれる人、自分を頼って相談に来る人のことを悪くは思えないものです。だから、感じの悪い人がいたら、人付き合いのコツを学ぶチャンスだと思って積極的に関わってみてほしいと思います。

私も若い頃にはよく失敗をしました。感じの悪い先生に対し、感じ悪く振る舞ってしまいました。その結果、最悪な状態になりました。こういった経験から学び、いまでは私か

ら見て「感じの悪い人」はほぼいなくなりました。周囲の人に「あの人は扱いづらい」「難しい人」と評されている人も、私にとってはそうでもない、むしろ仲がいいということが増えていったのです。そのポイントは、**「相手が感じが悪いならこっちだって」という**ような考えをやめること。そして、相手が楽しくなったり嬉しくなったりする話を、雑談の中でするこ とです。雑談力は人間関係を良くし、意地悪を止める力にもなりますので、磨くことをおすすめします。

キング牧師、ガンジー、ドラえもんの共通性？

親切や雑談が通じず、かなり手ごわい相手である場合、そんな甘いことでうまくいくはずがないと思う人もいるかもしれません。

新約聖書に「右の頬を打たれたら左の頬を差し出しなさい」という言葉があるのはご存じでしょう。一方で、ハンムラビ法典の「目には目を、歯には歯を」という考え方もあります。右の頬を打たれたのなら、相手の右の頬を打っておあいこにしたほうがいいのではないか、そのほうが相手の暴力はエスカレートしないのではないかというのも妥当な考え方だと思います。その場合、右の頬を打たれてさらに左の頬を差し出すというのは腑《ふ》に落ちません。

米国で公民権運動のリーダーとなったキング牧師も、かつてそう考えていたことがありました。黒人が差別されていた当時、キング牧師はもちろんキリスト教を信じてはいるけれども、白人に右の頬を打たれている黒人が左の頬を差し出したって何も解決しないのではないかと思ったのです。もっともな疑問です。その疑問を解決してくれたのが、ガンジーの思想でした。

「インド独立の父」と呼ばれるガンジーは、イギリス人によるインド人差別に対して非暴力運動を起こし、平和的な手段でインドを独立へ導きました。この事実を知って、キング牧師は「これだ！」と膝《ひざ》を打ちます。そして同じように、暴力に訴えるのではなく平和的に黒人が公民権を獲得する流れをつくっていったのです。具体的には、バスのボイコットが始まりでした。黒人がバスの座席で差別されていたのに抗議して、団結してバスに乗らないというボイコット運動を展開していきます。そして1963年ワシントン大行進での有名なスピーチ「I have a dream」（私には夢がある）は、世界中の人々の共感を呼びました。

キング牧師は、非暴力抵抗の根底にあるのは、人間に対する愛だと言っています。やられるままにしておくわけではなく、愛をもって抵抗し、相手に理解してもらえるよう行動するのです。

実際には、相手によって対処の仕方もさまざまだと思います。単純に「親切にする」のがいいわけではない場合もあるでしょう。しかし、憎しみをもって応じれば、さらに大きな憎しみ、争いを生むのが世の常です。

「いじわるされるたびに、しんせつにしてやったらどうだろう」は、**意地悪にも愛をもって応じるという発想に気づかせてくれます。**

『ドラえもん』の名言をもう一つ。

名作と評判の高い25巻の「のび太の結婚前夜」の中で、しずかちゃんが、のび太くんと結婚式を挙げる前夜に「やっていけるか不安」とお父さんに話をするシーンがあります。しずかちゃんのお父さんは、「のび太くんを選んだ君の判断は正しい」として、こう言うのです。「あの青年は人のしあわせを願い、人の不幸を悲しむことのできる人だ。それがいちばん人間にとってだいじなことなんだからね」。

のび太くんは勉強もスポーツもできず、いじめられっ子という、一般的なヒーローとはかなり違った主人公です。しかしそんなのび太くんが主人公の漫画が、国民的な人気を誇り、愛され続ける秘密はこういうところにもあるのかもしれません。

名言年齢

約218歳

江戸時代のことわざ辞典『譬喩尽《たとえづくし》』（松葉軒東井《しょうようけんとうせい》・編）より

丸《まる》くとも　一角《ひとかど》あれや
人心《ひとごころ》　あまりまろきは
ころびやすきぞ

江戸時代のことわざ

『譬喩尽』は江戸後期のことわざ辞典。全８巻。松葉軒東井・編。ことわざだけでなく、和歌・俳句・童謡・流行語・方言なども広く集め、いろは順に並べている。1786年から編集され、1801年まで増補された。

「丸くとも　一角あれや　人心　あまりまろきは　ころびやすきぞ」は、坂本龍馬が好んでいた言葉です。龍馬の書簡などを集めた「坂本龍馬関係文書」の中にも載っているので、一般には龍馬の言葉として知られているようです。確かに龍馬のキャラクターにも合っているし、いかにも龍馬が言った感じがしますね。

しかし実はこの言葉にはもう少し歴史があります。江戸時代の1801年に完成したとされる『譬喩尽《たとえづくし》』ということわざ集に載っているのです。

『譬喩尽』は、松葉軒東井《しょうようけんとうせい》という人物が長年かけて集めたことわざや和歌、俗語などをいろは順にならべて編集したものです。江戸後期の名言集のようなものですが、格言ばかりではなく方言や芝居のせりふ、童謡などかなり雑多に並べていて内容豊富です。

その「ま」の部には「丸くとも　一角有《あり》て　丸かれよ　餘《あま》り丸きは　転び安きに」とあります。他にも、「丸かれよ　唯《ただ》丸かれよ　人心　角の多きは　か丶り易きに」「角も有れ丸くも有れよ　人心　物に随《したが》ひ　事に応じて」と似たような歌が見られます。

誰が言い始めたのかわかりませんが（室町時代の僧、一休宗純の作だという説もあります）、「人の心は丸いのがいいが、それだけではなく、いい意味で角のある人格が望ましい」という意味の言葉が広く受け入れられ、流通していたのでしょう。

短所も「一角」と見れば長所になる

日本人は和を大切にしますから、「丸い人格」は理想的です。温和で、周りと衝突しない。トラブルにならず、丸くおさめることができる。そういう人が人格者として尊敬されます。**ただし、「一角《ひとかど》」はあったほうがいい。「ここは譲れない」というこだわりや、個性のことでしょう。**みんなが同じように丸かったら、何かあったときに雪崩《なだれ》のようにダメになってしまうかもしれません。それぞれに角があれば、それに引っかかって助かるというケースはよくあります。

たとえば神経質で、細かいことが気になるという一角。私は大ざっぱな性格なので、周りにきちんとした人がいてくれるととても助かります。大学でいろいろ提出すべき書類があるのですが、それを細かくチェックして「先生、ここが違います」と指摘してくれる。編集者でも、一緒に本を作る過程で「よく調べてみたらこうでした」と細かくフォローをしてくれる。おかげで、「助かった」と思うことはしょっちゅうです。細かいことによく気がつくのは、大いなる戦力なのです。

どこかにクリエイティブなものを入れないと気が済まないというのも、「一角」です。「前例通りやればいいよ」と言われても、「いいえ、どうしても前例にないことをやりたい」。「角があるね、君は」ということになりますが、そのおかげで進歩できるわけです。

このように相手の気になる気質は「一角」として受け止めると、いい面が見えてきます。チームの場合も、メンバーについて「マイペースなAさんが足を引っ張っているなぁ、Bさんは Bさんでせっかちだから、うまくいかないよな」とネガティブに考えるより、それぞれの「一角」のおかげで全体としてうまくいっている点に目を向けてみてください。

中国の民話に『王様と9人のきょうだい』という話があります。9人の兄弟は見た目は似ていますが、それぞれに大きな特徴があり、「くいしんぼう」「はらいっぱい」「あつがりや」「さむがりや」といった名前がついています。王様から次々に試練を与えられますが、その試練に強い兄弟がかわるがわる行くので全部クリアしてしまう。全員が一角あるおかげでチームとして生き延びることができるのです。

人にはそれぞれ気質というものがあり、なかなか努力で変えることはできません。それなら、それを「一角」として強みにするのがいい。**短所と長所は表裏一体です。短所もとらえ方によっては強みになります。誰もが「一角」あるはずなのです。**

「あの人、変わっているなぁ。一癖あるなぁ」と思ったら、「一角あるなぁ」と言い換えてみましょう。角を活かせば、その角のおかげで人付き合いも転びにくくなるのです。

名言年齢

約446歳

『甲陽軍鑑《こうようぐんかん》』（戦国大名武田氏の戦略・戦術を著した軍学書）より

人《ひと》は城《しろ》　人《ひと》は石垣《いしがき》　人《ひと》は堀《ほり》
情《なさ》けは味方《みかた》　仇《あだ》は敵《てき》なり

武田信玄

戦国時代の大名。1521生-1573没。甲斐《かい》守護武田信虎の長男。信濃一円を制し、上杉謙信と数度に及ぶ川中島の合戦で激突した。京都進出を企て、三方ヶ原で徳川家康を破るも陣中で病死。治水や鉱山事業など領国経営にも優れていた。

「企業は人なり」とよく言われます。どんな商品・サービスも人が生み出しているものであり、優れたシステムや制度、ビジネスモデルがあっても人材がなければ成り立ちません。企業にとっての最大の資産は人なのです。

これに通じるのが、武田信玄の「人は城　人は石垣　人は堀　情けは味方　仇は敵なり」です。**どんなに立派な城、石垣、堀があっても人がいなければ役に立たない。逆に、信頼できる人たちが集まれば、強固な城、石垣、堀に匹敵する。人に情をかけ、大切にすれば味方になるが、恨みの感情を持てば敵になる**ということです。

この言葉は信玄の遺言とされ、『甲陽軍鑑《こうようぐんかん》』に書かれています。『甲陽軍鑑』とは、信玄とその子である勝頼の時代の、武田家の戦略や戦術を著した軍学書です。後世の創作の部分も多いようですが、信玄が人を大事にしていたことは間違いないでしょう。「甲斐《かい》の虎」と恐れられ、戦国最強と言われた武田軍団を率いていた信玄ですが、家臣たちからは「お館《やかた》様（お屋形様）」と呼ばれ、慕われていました。優れたマネジメント力もあり、今の時代なら、偉大な経営者になったのではないでしょうか。

戦国武将といえば、織田信長の安土城のように高い石垣に守られた城にいるところを思い浮かべますが、信玄は城らしい城を持たず、簡素な館に住んでいました。堅牢《けんろう》な城を築かなかったのは、建物よりも人を中心に考えていたことの表れでしょう。

確かに、立派な城があっても、それを守る人がいなければあっという間に陥落《かんらく》してしまいます。信玄には、情けをかけて心からの味方になってくれた家臣たちがいます。彼らが守ってくれるから大丈夫という気持ちだったに違いありません。

信玄に学ぶ実力主義と適材適所

信玄は家柄や身分にかかわらず、有能な人材を積極的に登用していたことでも有名です。農民出身の者、素性が不明の者、浪人していた者なども実力主義で重用しました。

一方で、「適材適所」にも長けていました。

有名なエピソードの一つに、臆病者の家臣の話があります。岩間大蔵左衛門は大変な臆病者で戦《いくさ》を怖がり、無理に引きずり出せば失神してしまうほど。重臣たちは呆れて、「お館様、あやつは使い物になりません。クビにしましょう」と言います。ところが信玄は、重要な役につけることにします。細かい気配りのできる性格をうまく活用し、戦で館を留守にする間、館を守る役と「かくし目付」役（ひそかに館内の人の行動を監視し、噂や情報を報告する役）を命じたのです。岩間大蔵左衛門は館の清掃や修理をするほか、家中の噂をよく聞いて報告することで、立派に活躍する家臣に成長しました。

「役に立たない」と切り捨てることは簡単です。しかし、信玄は情をもって人に接しました。だからこそ、家臣たちは「お館様のために」と力を尽くす、最強軍団になっていったのです。

「仇」を「情」に転ずれば、味方が増える

その反対は「仇」です。恨みや復讐心のようなものを持っていると、それが敵をつくってしまう。「あいつがこの間こんな失敗をしたから、とんだ恥をかかされた。許せない」などと思っていると、その感情が伝わり、相手は萎縮したり不満を持ったりします。

それよりも、「こんな失敗があったけれども、次はやり方を変えてみようか」「向いていないようだったら、もっと強みが活かせる仕事を頑張ってもらおうか」と情けをかければ、味方が増えていきます。

実力主義、成果主義自体はいいのですが、**「情」の部分がないとチームとして弱い**ということがあります。自分の成果を上げることに気を取られ、チームのために頑張る気持ちが薄れてしまう。完全にドライな組織は、個々の能力を超えたパワーを出すことは難しい

でしょう。

企業だけでなく、チームスポーツもそうです。あるスポーツの監督が、選手の子どもが病気だと知って「じゃあ明日の練習は来なくていいから、家族に会ってこい」と言ったら、その選手は感激して「監督のためにもっと頑張りたい」という気持ちになったという話もあります。

誰しも、自分の評価、成果のためだけに頑張るのには限界があります。**チームのためにやリーダーのためになど、人のために頑張る気持ちになったとき、実力以上と言えるほどの力が出るのではないでしょうか。**

「情」は数字で測れるものではないし、こうしたつながりを煩《わずら》わしく感じる人もいるかもしれません。しかし、「情けは味方、仇は敵なり」を心に留め置いて悪いことはないでしょう。

私はビートたけしさんとテレビで何年もご一緒させていただいているので、雑談することがよくあります。たけしさんが事務所をやめて独立される前の話ですが、私が「たけしさんは軍団の方に本当に優しいですね。ご馳走したり世話を焼いてあげたりしていて、軍団の方は助かるでしょうね」と言ったら、たけしさんは「いや、俺が軍団を助けているんじゃなくて、軍団が俺を助けてくれているんだ。だから当たり前だよ」とおっしゃっていました。軍団の誰かの近親の方が亡くなったとき、たけしさんが行って弔《とむら》い客に頭を下げることもあったとか。自分が軍団を養っているのではなくて、軍団が自分を支えてくれていると心から思っていたようです。まさに、「軍団は城、軍団は石垣、軍団は堀、情けは味方、仇は敵なり」を地でいっていたわけです。

ときどき上司の中には、部下の成功を自分のこととし、逆に自分のミスは部下のせいにするような人もいるようです。そういう人には「人は城　人は石垣　人は堀　情けは味方　仇は敵なり」を何度も唱えてもらいたい。部下たちがいなければ裸の自分がいるだけです。なんと心もとないことでしょうか。この部下たちがいるから、自分はこうやっていられるのだと再認識しなければなりません。そして、情の部分を大事にし、恨みのような気持ちが出てきたら、「この心が敵を生むのだ」と戒《いまし》めるのです。

「人は城　人は石垣　人は堀　情けは味方　仇は敵なり」は五・七・五・七・七でリズムも良く、言ってみたくなる感じもあります。信玄気分になって、ぜひかっこよく声に出して言ってみてください。

名言年齢

1415歳

「十七条の憲法」『日本書紀』より

和《わ》を以《もっ》て貴《とうと》しとなす

聖徳太子

飛鳥時代の政治家。574生-622没。用明《ようめい》天皇の皇子。厩戸皇子《うまやどのおうじ》、豊聡耳命《とよとみみのみこと》、上宮《じょうぐう》王ともいう。叔母の推古《すいこ》天皇の摂政として冠位十二階の制定、十七条憲法の発布、遣隋使の派遣などを行った。深く仏教に帰依《きえ》して仏教振興に尽くした。

「和を以て貴しとなす」は、日本人なら誰でも知っている名言でしょう。604年に聖徳太子が作ったとされる日本最古の成文法「十七条の憲法」の冒頭に書かれています。名言年齢は本書の最高齢で1415歳。古い古い言葉ですが決して古びてはいません。

2019年5月から元号が「令和」となりました。この元号の考案に関わったとされる国文学者の中西進さんによると、「令和」の「和」は「和を以て貴しとなす」の「和」につながっているそうです。「昭和」をはじめ、これまでも元号に「和」が入っていることは多くありました。また、日本人は人の和を大事にするとよく言われます。「和」は日本の精神文化を象徴する字と言えます。

「和」は「やわらぎ」「やわらか」とも読みます。「やわらかなるを以て貴しとなす」とも読めるわけです。心をやわらかくし、やわらかい人間関係をつくることを説いています。そして、「忤《さか》ふること無きを宗《むね》とせよ」、むやみに反抗することのないようにと続きます。

「十七条の憲法」は、近代の憲法とは性格がちょっと違って、官僚や豪族の心得、道徳的規範を示したものです。第一条の全文は次のようになります（『日本書紀』にあるのは漢文ですが、ここでは書き下し文を掲載）。

一に曰く、和を以て貴しとなし、忤《さか》ふること無きを宗《むね》とせよ。人皆党有《ひとみなたむら》り、また達《さと》れる者は少なし。或《ある》いは君父《くんぷ》に順《したが》わず、乍隣里《またりんり》に違《たが》う。然《しか》れども、上和《かみやわら》ぎ下睦《しもむつ》びて、事を論《あげつら》うに諧《かな》うときは、すなわち事理おのずから通ず。何事か成らざらん。

現代語訳は次のようになります。

やわらかい心で協調することを最も大切にし、むやみに反抗することのないようにしなさい。人はグループをつくりたがり、人格者は少ない。それで君主や父親に従わなかったり、近隣の人たちともうまくいかなかったりする。しかし上の者がやわらかい心で接し、下の者も打ち解けて論議するなら、おのずからものごとの道理にかない、何事もできないことはない。

全体を読むとわかる通り、ここでの「和」とは、単純に仲良くすることや同調することではありません。**上下関係のある中でも素直に議論し、そのうえでお互いに協調することを言っています。**

対等な関係なら自由闊達《かったつ》に議論もできるでしょうが、上下関係があると遠慮して何も言わなかったり、逆に反抗的な態度をとったり、うまくいかないことが多くあります。立場が上の人が威圧して周りを同調させるようなこともあるかもしれません。しかし、遠慮して何も言わないことや、威圧による同調は「和」ではないのです。

同調と協調は違います。聖徳太子は仏教を広めたことで有名ですが、儒教も学んでおり、「十七条の憲法」制定にあたっても儒教の思想を多く取り入れています。『論語』には「君子は和して同ぜず。小人は同じて和せず」という言葉があります。「優れた人物は協調するが、安易に同調はしない。つまらない人物はすぐに同調するが協調はしない」という意味です。また、「礼の用は和を貴しとなす」（礼節の働きの貴さは、調和を体現することにある）という言葉があり、「和を以て貴しとなす」はこれを引用しているという説もあります。こうした儒教や仏教の思想の本質的な部分を取り入れ、神道と習合《しゅうごう》させながら「和」の思想を構築していったところに聖徳太子のすごさがあります。

「和」の精神で、反対意見もソフトに

「和」のためにはお互いに協調する気持ちが大切です。私はこれまでさまざまな組織を見てきました。中には、非常に険悪な雰囲気の組織もありました。たとえば喧嘩《けんか》している2

人がいる組織。チーム全体の雰囲気が悪くなり、周りも気を使って大変です。無駄なエネルギーを使って、ぐったり疲れるのですね。そうやって和を乱している人には、「和を以て貴しとなす」というこの言葉をもう一度よく嚙《か》みしめてもらいたい。やわらかい心で協調することが、まず優先すべきことです。議論の結論が何であれ、揉めないことが大事なのです。

本質的な議論が必要で、その中では反対意見だってもちろんあるでしょう。しかし、その反対意見を喧嘩腰で言っても何もいいことはありません。バトルすることで何か生まれるという考えもあるのですが、日本の文化的風土からいってどうも馴染まないようです。

実は私も20代の頃、大学の先生に対して面と向かって「それは違います」「こんな授業のやり方ではうまくいかないと思います」などと言って逆らっていました。我ながら、もうちょっと言い方があったろうにと思います。苦い思い出です。

反対意見を言うにしても、やわらかい口調で言うことはできます。「こういう可能性もあると思うんですけど、どうでしょうか」「こういう考え方もあるかと思っているのですけど、いかがなものでしょう」なんてソフトに意見すれば、「君はなんだ！」と怒る人はいません。「なるほど、そういうこともあるかもね」なんて言いながら、けっこううまくまとまっていきます。言い方というのは非常に重要なのです。

「和を以て貴しとなす」の精神で、いかなる反対意見もソフトに言う技術を身につければ、大人の対応力のある人になれます。これはとても重要なことです。職場の雰囲気を良くできる人というのは、重宝される人材です。逆に、職場の雰囲気を悪くする人、和を壊す人はどんどん不利益を被るようになっています。

「ソフトなものの言い方」はもちろん上司のほうも意識すべきことです。上司の言い方が乱暴だと、やはり雰囲気が悪くなります。昔は怒鳴ったり喧嘩腰でやっていても許される空気がありましたが、社会が洗練されていくにつれ、そういう人は少なくなりました。権力と結びつけば「ハラスメント」と言われてしまいます。若者が傷つきやすくなっているのと相まって、言い方ひとつが罪になるのです。

ついカッとなってきつい言い方になってしまう人は、ぜひ「和を以て貴しとなす」を手帳に書いたり、付箋に書いてパソコン画面の縁に貼ったり、目に触れやすいようにして、聖徳太子の時代から続く精神を思い出すようにしてください。

日本の精神を表す名言として、これからも大切にしていきたいですね。

名言年齢

114歳

『吾輩は猫である』（夏目漱石・著　岩波文庫）より

呑気《のんき》と見《み》える人々《ひとびと》も、
心《こころ》の底《そこ》を叩《たた》いて見《み》ると、
どこか悲《かな》しい音《おと》がする。

夏目漱石

小説家、英文学者。1867生-1916没。英国留学後、東京帝大の講師となり英文学を教える。1905年『ホトトギス』に発表した『吾輩は猫である』が評判となり、東京朝日新聞社の専属作家に。代表作に『坊っちゃん』『こころ』など。

言わずと知れた名作『吾輩は猫である』の書き出しは、「吾輩は猫である。名前はまだない」。日本人なら誰でも暗唱できる一文でしょう。

日本を代表する文豪の一人、夏目漱石のデビュー作である本作は、中学校の英語教師である珍野苦沙弥《ちんのくしゃみ》のもとへやってきた猫を語り手に、珍野家とその周辺の人たちの人間模様を風刺的に描いた作品です。俳句雑誌『ホトトギス』に発表され、当初短編読み切りだった第1話が好評だったため、断続的に書き継がれて全11話となりました。

苦沙弥先生のもとへ集うのは、美学者の迷亭《めいてい》、理学者の寒月《かんげつ》、哲学者の独仙《どくせん》、詩人の東風《とうふう》といった一癖ある知識人たち。文明批評を交えながら、軽妙洒脱《しゃだつ》にユーモラスに語られるのは結婚観、女性観、権力批判などのとりとめもない話、それから小事件の数々です。筋らしい筋はありませんが、ちりばめられた説話は落語のように面白い。

漱石は子どもの頃から落語や講談に親しんでおり、「話芸」をワザとして身につけていました。さらには漢学と英文学の素養があり、それらをベースに文化的な感性をいかんなく発揮しているのです。

さて、この長編小説の最後はどうなるのかご存じでしょうか。

最終回の第11話は、迷亭と独仙が苦沙弥先生の家で囲碁をしているところから始まります。寒月、東風も一緒によもやま話が続きます。いつものようにみんな言いたい放題。そして日は暮れ、「さすが呑気の連中も少しく興が尽きたとみえて」、一人また一人と帰っていきます。すっかり寂しくなった座敷で、吾輩は「呑気と見える人々も、心の底を叩いて見ると、どこか悲しい音がする。」と感想を漏らすのです。

これまで人間をばかにしたように見ていた吾輩が、人間の悲哀や人生のはかなさを悟ったようになります。そして最後は、人間のマネをしてビールを飲み、酔っ払って水瓶《みずがめ》に落ちて死んでしまうのでした。

妬み心に効く「正負の法則」思考

悩みなんてなさそうで呑気に見える人も、それぞれに何かを抱えているものです。「自分はこんなに苦労しているのに、あの人は苦労も知らず幸せそうにしていてムカつく」と思うことがあっても、内情はわかりません。人に言えないつらさを抱えているかもしれません。

美輪明宏さんの『ああ正負の法則』（ＰＡＲＣＯ出版）という本があります。私はこの本のタイトルも名言だなぁと思っているのですが、世の中の出来事にはすべて「正負の法則」があり、どの人もプラスとマイナスがだいたい同じになっているということです。**マイナスばかりの人はいないし、プラスだけの人もいない。幸福のスケールが大きい人は、それに対応する大きなマイナスを抱えています。**

遊郭《ゆうかく》のすぐ近くで、料亭、金融、質屋を営む家に育った美輪さんは、さまざまな人たちの人生の裏街道とでも言えるような面を見てきました。

健康で美しいけれど、家が貧しく女郎《じょろう》として売られる娘たち。お金持ちだけれど、病気の家族を抱えている人たち。冷静に観察するうち、「正負の法則」が漠然とながらわかってきたといいます。

歴史上の偉人や、芸能人、有名人を見ても、大きな正があれば大きな負もあるというのは納得できるのではないでしょうか。ですから、**むやみに人をうらやんだり、妬《ねた》んだりする必要はない**のです。

自分自身のことにしても、悪いことは続かないと考えることができます。逆に、いいことばかりも続きません。だから、意識して「負の先払いをする」のが、昔から考えられている知恵です。プラスを自分のところに貯めこまず、人に施しをする。人のためになることをする。あえて損をとって、バランスをとるようにするのです。

相手の心の底を思えば、人付き合いの悩みは軽くなる

表面だけで人を見ないことが大事です。「呑気と見える人々も、心の底を叩いて見ると、どこか悲しい音がする」は、そういうものの見方に気づかせてくれる名言です。

相手を妬んだり、翻《ひるがえ》って卑屈になったりすると人間関係は改善せず、悩みのもととなります。「あの人も本当はいろいろあるのかもなぁ」「つらいことを乗り越えてきたのかもなぁ」と思えば、相手に対する見方が変わり、人付き合いの悩みも軽くなります。そして、見方が変わることで関係性も変わっていくはずです。

また、**この名言は、誰しも悲しみ、つらさを抱えているけれども、呑気に見えるように過ごしているのだと読み替えることもできます。呑気に見せて、周囲を和ませるのです。**

ピリピリしている人の周りにいると、萎縮したり不安になったりで、本来の力が出しにくくなります。一方、呑気にしていれば、周囲のエネルギーを奪うことがありません。

人に苦労を悟らせず、「いつも呑気でいいなぁ」と思われる人はたいしたものです。「いつも大変そう」と思われるより、そういう人になりたいですね。これは、「負の先払い」の考え方にも通じます。「呑気に見せて周囲を和ませる」という人のためになることをして、大きなマイナスを防ぎ、バランスをとるのです。

第5章

道に迷ったとき

まずは自分の胸に問いかけよう

人生という、長く決して平坦でない道を行くときは迷うことが多くあるでしょう。就職するか、進学するか。海外留学するか、やめておくか。この人と結婚するのか、それとも別の人か。子どもを産むかどうか。

そんな大きな選択以外にも、**私たちは日々何かしらの選択をしています。その選択の積み重ねで、人生の道を少しずつ進んでいる**のです。

誘われた飲み会に行くかどうか。揚げ物のお弁当にするか、ヘルシー弁当にしておくか。たいしたことのない悩みのようですが、あれこれ迷うこともあるものです。

迷ったときは、一度立ち止まって本当に望んでいるものは何だったっけ、と考えてみることです。自分自身を見つめ直すチャンスです。

よく「胸に手を当てて考えろ」という言い方をします。実際に胸に手を当てて、AかBか考えてみてください。呼吸がラクに感じるほうが正解です。

気乗りしない飲み会だけど、「行く」よりも「断る」と考えるほうが呼吸が苦しい。断るほうがいろいろ面倒なことになりそうだから、それならとにかく行ってアッサリ帰ってこよう、と決められます。すると、何かつかえがとれたようになって胸のあたりがすっきりします。胸に手を当てて「揚げ物のお弁当」に決めてしまえば、ラクに美味《おい》しく食べられます。

大きな決断ほど当然難しくなりますが、自分の身体の感覚というのは正直ですから、理屈をいろいろ並べて頭で考えるよりも、案外すぐに答えが出せたりします。

本当に自分が望んでいるものを、心の底ではわかっているということですね。世間体や常識、他人の評価、これまでかけてきた時間やお金などに邪魔され、判断が難しくなっているのです。人に相談するのもいいですが、自分の胸に手を当てて、身体がイエスと言っているかを聞いてみることも重要です。

名言を指針に、自分の「幸福観」を知っておく

自分はどういう状態を幸せだと感じるか。何をもって幸福だと思うのか。自分の「幸福観」を把握しておけば、道に迷ったときも決断がしやすくなります。いま選ぼうとしている道は、自分の幸福観に照らし合わせてどうか？　と考えることができるからですね。

幸福観は人それぞれですが、「幸せを感じたい」という根源的な欲求は共通のものです。わざわざ不幸になりたい人はいないでしょう。それなら、**「道に迷ったら、自分の『幸福観』に照らして決める」**とするのも一つの方法です。

とはいえ、自分の幸福観がはっきりしないという人もいると思います。そういう人は、ここで紹介するような名言を指針に、探していってください。

文豪川端康成は「一生の間に一人の人間でも幸福にすることが出来れば自分の幸福なのだ。」という名言を残しています。これに倣《なら》えば、**道に迷ったとき「人を幸福にすることができるかどうか」を判断の基準とすることができそうです。**

「幸せになりたい」と言っても、自分だけで幸福になるのは難しいもの。人を喜ばせることで自分も幸せになれるなら、そのほうが簡単、とも考えられます。幸せにする相手が一人でもいいならますますハードルが下がりますね。範囲を広げて、ペットを可愛がったらペットが幸せそうにしている、植物に水をあげたら植物がいきいきしているというのでもいいことにしたら、いつも幸福な人になれるかもしれません。

幸福観は年齢が上がるにつれ、もしくは環境の変化によって変わるものでもあります。

市民大学の講師をさせていただいたとき、参加者の中に大企業の重役だった方がいました。定年退職し、時間ができたので学びに来ていたのですが、4月5月の頃は偉い風を吹かせる癖が抜けません。何かというと「あの会社でこういうポストに就いていて」という話をしてしまう。でも誰も聞いていないわけです。

かつては責任ある立場に就き、周囲に尊敬されることがその方の幸福だったかもしれません。しかし、その幸福観も変えなければいけなくなったのです。その方も気づいたようで、「偉い自分の話」はしなくなりました。

ですから、**ずっと一つの「幸福観」である必要はなく、そのときの状況や心境に合わせて変化させていけばいいのです。**

また、大局的な見方も必要です。目先のAかBかで迷っているけれど、それが大局的にはどう位置付けられるのかがわかれば、判断を誤りません。日本一有名な剣豪、宮本武蔵は「遠き所を近く見、ちかき所を遠く見る事」と言っています。これは、大局観を磨くための意識の持ち方です。道に迷ったときは、「遠き所を近く見、ちかき所を遠く見る事」と唱えながら、広く状況を把握するように努めれば判断の助けになるはずです。

そのほか、立ち止まって自分を見直し、正しい道を選択するのに役立つ名言を紹介していきましょう。

名言年齢

90歳

小林佐規子（長谷川泰子）に宛てた手紙より

自分《じ》分《ぶん》自《じ》身《しん》でおありなさい。

中原中也

詩人。1907生-1937没。若くして詩作を始めダダイズムやフランス象徴派に影響を受ける。1925年上京し小林秀雄らと交遊する。長男を亡くしてから心身を衰弱し30歳の若さで死去。詩集に『山《や》羊《ぎ》の歌』『在りし日の歌』がある。

「汚れつちまつた悲しみに」など、繊細な詩を30年という短い生涯の間に350編以上も紡《つむ》ぎ出した詩人、中原中也。美しく独特な言葉とリズムにあふれ、抒情《じょじょう》的な作品の数々はいまも多くの人の心をとらえ続けています。

中也は小学生の頃から短歌や文学に目覚め、中学生で友人と歌集『末黒野《すぐろの》』を刊行したという早熟の詩人でした。しかし、詩にのめりこむほど成績は落ち、中学3年生で落第。京都の中学校へ編入するために故郷・山口から離れ、下宿生活を始めます。

そして年上の女性、長谷川泰子と出会い、恋に落ちます。泰子は女優を目指しており、新しい芸術や表現に強い関心がありました。中也の詩に興味を示したことから意気投合、翌年から同棲を始めるのです。

1925年、大学予科受験のため泰子とともに上京すると、のちに批評家になる小林秀雄と知り合います。そして、泰子は小林秀雄のもとへと去ってしまう。中也は三角関係、別離に苦しみます。このときの苦悩と葛藤《かっとう》が、中也を真の詩人にしたとも言われています。

自分自身でいることが、表現の出発点

「自分自身でおありなさい」は、別れから4年後、中也がかつての恋人である泰子（一時、

佐規子と改名しており、手紙の宛名は小林佐規子）に送った言葉です。**自分の表現をしたいと思っている泰子に、自分を見失わず、周囲に流されることなく、自分自身でいることこそが表現のコツなのだと伝えている**のです。

> 自分自身でおありなさい。弱気のために喋舌《しゃべ》つたり動いたりすることを断じておやめなさい。断じてやめようと願ひなさい。そしてそれをほんの一時間でもつづけて御覧なさい。すればそのうちきつと何か自分のアプリオリといふか何かが働きだして、歌ふことが出来ます。
>
> （『中原中也全集　第五巻　日記・書簡』角川書店）

この手紙には「芸術の動機」というタイトルが付いており、中也の芸術論にもなっています。中也の表現は、自分自身であること、そしてそれを受け入れることから出発しているのです。テクニックや流行、周囲の評判が先にくることはありません。

フェイスブックなどＳＮＳで自分を発信するとき、「いいね！」やフォロワーの数を増やしたくてあれこれ写真を撮って載せるなどというのは、これの正反対です。もちろん**結**

果として「いいね！」がたくさん集まるのはいいわけですが、「いいね！」を狙うとなると、周りがいいと言うものに自分を合わせていることになります。自分を見失っている状態です。

流行っているもの、話題のものを撮りに行ってアップする。パワースポットだからと行ってアップする。そういう、「人がいいと言うからやっている」という発想から離れろよということですね。**「自分自身でおありなさい」は、ＳＮＳ時代を見越した中也からのアドバイスと受け止めましょう。**

しかも、情のある元恋人へ誠実に書き綴《つづ》った言葉ですから、深い優しさが感じられます。**何らかの表現をしたいと思いながら、迷っている人にとって最高の励ましです。いまの時代、誰もが表現者であると考えれば、すべての人に通じる名言です。**

中也は、詩の通りに繊細で誠実だったのだろうと思います。波乱の多い人生を、身を切られるような思いで生き、言葉にした。真の詩人だったのです。中也のような繊細さは、なかなかマネできません。こんなに一つひとつ悲しみ、傷ついていては身が持たないなと思ってしまいます。ですが、中也のように自分自身であろうとすれば表現も変わってくるのではないでしょうか。

名言年齢

94歳

恋人・田口タキ宛ての手紙より

闇《やみ》があるから光《ひかり》がある

小林多喜二

小説家。1903生-1933没。銀行に勤めながら労働運動に関わり、プロレタリア文学運動に参加。『一九二八年三月十五日』で注目され、『蟹工船《かにこうせん》』でプロレタリア作家としての地位を確立する。地下活動中に特高警察に逮捕され、当日に死亡。拷問死とされる。

小林多喜二《たきじ》は、日本のプロレタリア文学の代表的作家です。蟹工船《かにこうせん》（捕った蟹を缶詰に加工する設備を備えた船）の内部で、過酷な環境にある労働者たちが団結し立ち上がるまでを描いた『蟹工船』は小林多喜二の代表作。現代のワーキングプア、フリーター、日雇派遣などとの共通点が指摘され、２００８年頃にもブームとなりました。

多喜二自身は、東北の貧しい農家の生まれながらも、北海道で銀行員になり、安定した暮らしが見えていました。多喜二が就職して1年目のとき、銘酒屋《めいしゅや》（表向きは飲み屋だが、客が望めば酌婦《しゃくふ》に売春をさせる店）「やまき屋」に評判の美人がいると聞いて友人と訪れました。そこで出会ったのが当時16歳の田口タキです。

タキは事業に失敗した父親によって「やまき屋」に売られ、酌婦をしていました。いつか借金を返して自由の身になりたいと、少しずつお金を貯めているといいます。タキの父親は自殺してしまったため、7人の弟妹の面倒を見なければならないという思いもありました。多喜二はそんなタキの姿に胸を打たれ、惹《ひ》かれていきました。

多喜二がタキに送った恋文の冒頭に書かれていたのが、「闇があるから光がある」です。

「闇があるから光がある」

そして闇から出てきた人こそ、一番ほんとうに光の有難さが分かるんだ。世の中は幸福ばかりで満ちているものではないんだ。不幸というものが片方にあるから、幸福ってものがある。そこを忘れないでくれ。

（『小林多喜二　青春の記録』高田光子・著　八朔社）

このあと、いまはお金がないが、何とか救い出してやりたいという気持ちが綴られています。そして実際に、この手紙から9カ月後、銀行の賞与と友人からの借金でタキを救い出します。事情を知った多喜二の母は、タキを家に引き取るよう勧めました。一緒に暮らし始めるのです。多喜二はタキを終生愛しました。タキは多喜二にこれ以上迷惑をかけられない、足手まといになりたくないとの想いから求婚を断りますが、多喜二はタキとその家族を思いやり続けました。

一方で、多喜二はプロレタリア文学の旗手として闘います。特高警察に目を付けられ、厳しい監視を受けながらも筆を折ることはありませんでした。社会変革を志し、命を懸けて文学に対峙していったのです。そして最後は特高の拷問を受けて亡くなります。29歳の若さでした。

多喜二には、闇の中にいると感じる人に手をさしのべる優しさと、大きな闇をつくり出している巨大なものに立ち向かう強さがありました。

希望が湧いてくる、強く優しい言葉

「闇があるから光がある」は、シンプルに言い切る強さと、励ましの心が感じられる名言です。**つらく困難な状況にあるときも、「この暗闇のおかげで、光をまばゆく感じることができるのだ」と考えてみる。それを励みに、希望を失わずに頑張るのです。**最初から光の下にいれば、それが当たり前になってしまい「なんて明るいのだろう」という感動もないでしょう。私の知人の経営者は、あるトラブルで事業が困難な状況に陥《おちい》り、いつ出られるかわからないトンネルの中にいるようだったと語っていました。しかし、長いトンネルでも歩き続ければ、いつか絶対に光が差して出口が見えると信じて頑張ったそうです。実際、その会社は大発展を遂げました。

人生の道に迷い、暗闇の中にいるようだと感じたときは「闇があるから光がある」と唱えてみてください。人生、辛抱の時期というのもあります。しかし、希望を失わなければ必ず光輝くときがきます。

名言年齢
89歳

短編集『僕の標本室』（川端康成・著　新潮社）所収「一人の幸福」より

一生《いっしょう》の間《あいだ》に一人《ひとり》の人間《にんげん》でも
幸福《こうふく》にすることが出来《でき》れば
自分《じぶん》の幸福《こうふく》なのだ。

川端康成

小説家、文芸評論家。1899生-1972没。東京帝国大学在学中に菊池寛に認められ文壇に出る。横光利一らと『文藝時代』を創刊し、新感覚派の作家として注目を集めた。代表作に『伊豆の踊子』『雪国』など。1968年ノーベル文学賞受賞。

誰しも幸せに生きたいという願いを持っています。ただし、どういう状態をもって幸福と感じるかは人それぞれです。その人の幸福の基準、幸福観によって、似たような状況でも幸せと感じるか不幸と感じるかは変わるでしょう。

「一生の間に一人の人間でも幸福にすることが出来れば、自分の幸福なのだ」は、川端康成の短編小説「一人の幸福」に出てくる言葉です。

小説に出てくる「彼」は、決して成就しないとわかっている恋の相手である勝子に、不幸な境遇の弟がいることを知ります。そして、その弟を自分の力で救ってあげようと思い立ちます。この思いつきは彼を幸せな気持ちにしました。それまで勝子に対する思いに悶々とし、悩み、思いつめていたけれど、急に迷いが晴れたようになります。**勝子の弟たった一人でも幸福にできるのなら、それが自分の幸福になるのだと感じて嬉しくなるのです。**

小説の中の言葉ですが、川端康成自身の実感でもあると思います。

川端は幼少期から多くの肉親の死に直面し、孤独と向き合ってきました。1歳で父を、2歳で母を亡くしただけでなく、14歳までに祖父母と姉、すべての肉親を亡くし天涯孤独となってしまいました。「葬式の名人」という短編小説がありますが、主人公のモデルとなったのは川端自身です。

親戚や周囲の人に親切にはしてもらっても、すべてを受け入れてくれ、甘えられるような存在はいません。母親的な愛は得難い、有難《ありがた》いものとして憧れの対象となっていきます。常に人の顔色をうかがい、心をオープンにできないことを川端は自ら「孤児根性」として蔑《さげす》んでいました。

そんな川端の幸福観が表れているのが、「一生の間に一人の人間でも幸福にすることが出来れば自分の幸福なのだ」なのです。

「幸せになりたい」と考えるとキリがない

他人の幸福が自分の幸福なのですから、自分の快楽を追求するのとは違います。たとえば自分が経済的に成功するとか、自由なライフスタイルを実現するとか、多くの人に尊敬されることではありません。また、他人と比較することでもありません。「あの人と比べれば自分はましだ」と考えて幸福を得ようとするのは、他人の不幸を自分の幸福とするようなものです。

そうではなくて、一生の間に、たった一人でもいいから誰かを幸福にする。「一生に一人でもいい」と考えればハードルが低いようにも思いますが、**川端にとっての母親的な愛**

がそうであったように、普通だけれど実は難しい。有難いものでもあるのです。

教師なら、「先生のおかげで救われました」と言ってくれる生徒が一人でもいたら、教師冥利《みょうり》に尽きます。医者なら、患者さんを一人でも助けることができれば、医者になって良かったと思えるでしょう。どんな仕事でもそうです。**「あなたのおかげで本当に助かった」と心から喜んでくれる人がいたら、何物にも替えがたい喜びになります。**

「幸せになりたい」と考えると、不足しているものに目がいってキリがない感じがしますが、「誰かを幸せにしよう」と考えれば実現のとっかかりも見つけやすいのではないでしょうか。川端の小説「一人の幸福」に出てきた「彼」のように、迷いが晴れ、嬉しい気持ちで満たされるかもしれません。

それにしても、川端の小説を読むとその日本語の美しさに惚《ほ》れ惚《ぼ》れします。私は20歳の頃、『山の音』という小説にはまりました。これに出てくる菊子という女性の話し言葉の美しさに心を打たれ、恋をしてしまったほどです。そして、いつか娘が生まれたら菊子と名付けようと決めていました。結局、女の子は生まれませんでしたが。

『山の音』『雪国』なども、その日本語の美しさも味わいながらぜひ読んでほしいと思います。

名言年齢

595歳

『花鏡《かきょう》』（世阿弥《ぜあみ》・著）より

是非《ぜひ》の初心《しょしん》忘《わす》るべからず。
時々《ときどき》の初心《しょしん》忘《わす》るべからず。
老後《ろうご》の初心《しょしん》忘《わす》るべからず。

世阿弥

室町時代の能役者、能作者。1363?生-1443?没。大和猿楽のスターであった観阿弥《かんあみ》の長男。将軍足利義満の庇護のもと、猿楽を幽玄な能として大成させる。『風姿花伝《ふうしかでん》』『花鏡』をはじめ、多くの能楽論を書き残した。

誰もが知っている「初心忘（れ）るべからず」は、もともとは世阿弥《ぜあみ》の言葉です。現代では、**「物事に慣れると慢心してしまいがちだが、最初の頃の志を忘れてはいけない」という意味で使われるのが一般的です。しかし、世阿弥の言葉はもっと深く、繊細な意味を持っています。**

言うまでもなく、世阿弥は能の大成者です。それまで猿楽や田楽の名で各地で催されていたものを、室町幕府の三代将軍足利義満の庇護を受けて観阿弥《かんあみ》・世阿弥親子が能という芸術に進化させました。世阿弥が観阿弥から伝えられた芸の極意をまとめた『風姿花伝《ふうしかでん》』、後期に著した『花鏡《かきょう》』は、日本の文化史上とくに優れた作品で、世界的に見ても類のない芸術論です。

その『花鏡』の最後、「奥の段」に「初心忘るべからず」が出てきます。これは3つに分けられ「是非の初心忘るべからず。時々の初心忘るべからず。老後の初心忘るべからず。」と説いています。

まず、**是非の初心忘るべからず。**若い頃、舞台に立ったばかりの頃は未熟さ、つたなさがあります。どうすればうまくできるかもわかりません。うまくいったときが「是」でうまくいかなかったときが「非」とすると、それが経験を積むうちに次第にわかるようになり、判断基準となってきます。**未熟だったときの芸も忘れることなく、判断基準として芸を向上させていかなければなりません。**

次に、**時々の初心忘るべからず。**若い頃から壮年、さらに老年期へと移行していく間の、それぞれの時期における初心があるといいます。各時期に演じ、習得した芸をその場限りにしては幅広い芸を身につけることはできません。**その年齢にふさわしい芸にチャレンジするということは、その段階では初心者であり、やはり未熟さ、つたなさがあります。その一つひとつを忘れてはならないのです。**

そして、**老後の初心忘るべからず。**老年期になって初めて行う芸というものがあり、初心があります。**年を取ったからもういいとか、完成したとかいうことはないのです。**限りない芸の向上を目指すべしと説いています。

未熟さを心に刻む「初心」は一生続く

つまり、初めてのことに取り組むときの新鮮な気持ち、初々しい気持ちという以上に、自分の未熟さを忘れるな、つたなかったときのことを忘れるなということであり、この初心は一生続くのだということなのです。

この言葉は、仕事や人生にそのまま通じます。

たとえば新入社員の頃は、何が良いか悪いかもまだわかりません。うまくいくこともありますが、「新人だから」ということで周りが花を持たせてくれている場合もあるでしょう。ちょっと褒められて慢心しては、向上が望めません。自分は未熟なのだと自覚し、うまくいかなかったときのことを忘れずにいるべきなのです。

経験を積み、仕事にも慣れて、自分の下に部下・後輩がどんどん入ってくるようになると「私は、もっとうまくやっていた気がするけどなぁ」「あの部下はまだまだだ。早く私のように成長してほしい」などと思うようになるかもしれません。未熟だった自分のことを忘れ、現在の自分に慢心してしまうのです。しかし、よく考えてみると先輩や管理職としては初心者です。また、仕事の難易度が高くなったり、責任の範囲が広くなったりしているはずです。そのときどきで、未熟な自分がいるのです。

老後は老後で、初めてのことがあるでしょう。仕事を離れ、若い頃とは違った新しい趣味にチャレンジするのもそうですし、孫との付き合いや新しい人間関係での振る舞いなど初心があります。これまでの経験を後世の人に伝えるというのも、初心。老後も初心を忘れなければ、老年期の良さを発揮することができます。老い木に花を咲かせることができるのです。

観阿弥は亡くなる直前に見事な能を演じました。老いてからは、観客に受けるような能は若手に譲り、控えめに演じていた観阿弥でしたが、その日の能はことさらに格別だったといいます。『風姿花伝』の中で世阿弥は「まことに得たりし花なるが故に、能は枝葉も少なく、老木になるまで花は散らで残りしなり」と讃《たた》えています。

初心に戻ることで不安や迷いが消える

素晴らしい業績を残しつつも、それに慣れてしまわず、初心を持っている人はすごいと思います。

元プロ野球選手の王貞治《さだはる》さんは、現役時代、毎年ホームラン王になるくらい大活躍をしているのにもかかわらず、シーズン前には「今シーズンは1本もホームランを打てないかもしれない」とうなされていたそうです。

王さんは「人間ならミスをするというのであれば、プロは人間であってはいけない」という名言を残しています。ものすごいプロ意識です。さすが、伝説となる人は言うことが違うなと感心しますが、その王さんが「ホームランを打てないかもしれない」とうなされるのです。

誰しも、大きな仕事の前に不安になるものです。結果を出している人ほどそこで初心に戻るのは難しいことかもしれません。しかし、初心を持っている人は、下手だった頃の自分を思い返し、新たな気持ちで愚直に向かいます。すると、かえって不安や迷いも消えていきます。

私はよく、仕事がなかった頃の自分を思い返しています。私は25歳くらいのときにはすでにいまくらいの仕事ができると思っていました。ところが、それから15年ほども本の依頼がないという時代が続きました。

いまは通算600冊、700冊とちょっと尋常じゃないというくらい本を出していますが、それも初心に戻って「依頼していただいたのだから」と思うからなのです。だから、とにかく引き受ける。何とかする。それでつい、やりすぎちゃうということなのですね。

人生の道に迷ったときは、初心、すなわち自分が未熟だった頃のことを思い返すというのも一つの手です。おごり高ぶったり、油断したりする気持ちを戒《いまし》め、謙虚な気持ちで道を選ぶことができるでしょう。

名言年齢

374歳

『五輪書《ごりんのしょ》』(宮本武蔵・著　岩波文庫)より

観見《かんけん》二《ふた》つの事《こと》、観《かん》の目《め》つよく、見《けん》の目《め》よはく、遠《とお》き所《ところ》を近《ちか》く見《み》、ちかき所《ところ》を遠《とお》く見《み》る事《こと》

宮本武蔵

江戸時代初期の剣術家。1584生-1645没。若年より諸国で修行し、生涯60回あまりの試合で無敗と伝えられる。二天一流を創始し、武道の奥義を説く『五輪書』を著した。水墨画にも優れ、代表作に『枯木鳴鵙図《こぼくめいげきず》』などがある。

日本一の剣豪、宮本武蔵は生涯で60回以上の真剣勝負に負けなしと伝えられています。本物の刀で勝負するのですから、負けは死を意味します。文字通り命懸けで剣術を磨いたのです。

その武蔵による『五輪書《ごりんのしょ》』は、海外でも翻訳され、大変評価の高い兵法書です。その中で、重要なキーワードとして出てくるのが「観見《かんけん》二つの目」です。**「観の目」とは、広く状況を見ること。「見の目」とは対象を見ること。この両方の目を磨くことが大事だと言っています。これとセットで覚えておきたい名言が「遠き所を近く見、ちかき所を遠く見る事」です。**

『五輪書』は「地」「水」「火」「風」「空」の5巻からなり、「水の巻」に、「兵法の目付」について書かれたこんな一節があります。

> 目の付けやうは、大きに広く付くる目也《なり》。観見二つの事、観の目つよく、見の目よはく、遠き所を近く見、ちかき所を遠く見る事、兵法の専《せん》也。

目の付け方は、大きく広く見ることである。観・見二つの目があり、観の目を強く、見の目を弱く、遠いところを近いように見、近いところを遠いように見ることが兵法では不可欠である。

「木を見て森を見ず」という言葉はよく聞くと思います。目の前のことにとらわれて、全体の状況が見えていないことのたとえですね。剣術で言えば、相手の剣ばかり見て全体の状況を把握していなければ勝てないわけです。

ビジネスにおいても、それが会社全体としてどういう意味を持つのかを見失えば、うまくいきません。すごい経営者は、大局観を持っており、瞬時に判断ができてしまいます。「どうもこれは良くない」と言うと、本当にうまくいかない。非論理的な勘に見えるかもしれませんが、当てずっぽうとは違って大局観に基づいているのです。

将棋棋士の羽生善治《はぶよしはる》さんは『大局観』（角川書店）という本も出されていますが、パッとその局面を見て、どうするべきか判断する力がすごい。木を見て森も見ています。

私が直接うかがった話ですが、羽生さんは100人の子どもたちと同時に対局したことがあり、羽生さんが回りながら順々に一手ずつ全員と指したそうです。一つひとつの盤を見た瞬間に、次の手を打つ。私が「疲れませんか」と聞くと、「疲れるのは足だけで、全然疲れません。いくらでもできます」とおっしゃっていました。

そのうち一人の子がズルをして駒を一つ動かしたことがありました。羽生さんは1度目は見逃してあげたけれど、2度目にまた動かしてあったときはさすがに注意したそうです。

100人の将棋を見ながら、一つの駒の動きもわかる。木も森も両方見ているから、天才羽生善治なわけです。

観の目＝大局観も練習で上達する

私たちはどうしても目の前のことにとらわれがちです。武蔵は、「遠き所を近く見、ちかき所を遠く見る事」と言い、大局的な見方をするときの意識の持ち方を教えてくれています。『五輪書』は、深い精神論のみならず、細かく具体的な実践法も書かれている一流のビジネス書・自己啓発書でもあります。

そして、武蔵が強調するのは「鍛錬すること」。『五輪書』の中で書かれる意識の持ち方や実践の仕方は、ほとんどが「吟味すべし」「鍛錬あるべし」「稽古すべし」といった言葉で締められています。兵法書を読んで「なるほど」と言って終わりにするのではなく、日々鍛錬することが大切だと武蔵は何度も繰り返しているのです。

大局的な見方も、練習することが必要です。たとえば、方向音痴でよく道に迷う人がいるとしましょう。そういう人は、地図を見て、建物や道の関係をまず広く見て頭に入れます。どう動くかイメージしてから歩く、という練習をする。職場の人間関係に悩んでいる人は、組織図や人間関係図を作ってみて、全体を広く見る練習をする。

学校の先生は、授業をしながら目の前の子が「いま集中力がなくなっているな」と気づくだけではなく、クラス全体の空気も見なくてはなりません。全体の空気が停滞してきたと気づけたら、リフレッシュのために一度身体を動かすなどといった対策を、何かしら打つことができます。こういうのも日々の練習で上達していくものです。

大局的な見方が身についてくると、人生の道に迷ったときも、素早く正しい判断ができるようになるはずです。

「by武蔵」の持つ圧倒的なリアリティー

「遠き所を近く見、ちかき所を遠く見る事」という意識の持ち方で、大局観を磨くことを宮本武蔵から学んでいるのだと考えると、非常にリアリティーがあります。なにせ、これがないと命がなかった人です。60回以上も決闘を生き抜いてきたという、ものすごい人が語っているのです。「ｂｙ武蔵」というのが大事。

外国人に会ったときに、「遠き所を近く見、ちかき所を遠く見る事　ｂｙ武蔵」という話をすれば、多くの人は「おお」と感心してくれるでしょう。武蔵は世界中で大変な人気があります。

テレビ東京「世界！ニッポン行きたい人応援団」という番組を見ていたら、武蔵を尊敬してやまないアルゼンチンの女子中学生が出ていました。

９歳から剣術を学んでいる彼女は、『五輪書』を愛読書にしています。番組では、彼女を大分にある武蔵の二天一流を受け継いでいる十二代宗家、師範の吉用《よしもち》清先生の道場へ招待しました。彼女には吉用先生に稽古をつけてもらいたいという希望があったのです。

稽古を終えて先生の自宅で奥さんの料理を食べながら、彼女が言ったのは「先生は観の目で奥様を選ばれたのですね」。大局的な目でもって、しっかりと選んだのですねというのです。私は「ほお」と感心してしまいました。もちろん彼女は、「遠き所を近く見、ちかき所を遠く見る事」も知っています。さすがは世界の武蔵です。

世界で尊敬される武蔵に学び、「遠き所を近く見、ちかき所を遠く見る事」を鍛錬すれば、人生のあらゆる局面での迷いに正しく対処できるようになることでしょう。

名言年齢

85歳

『銀河鉄道の夜』（宮沢賢治・著　新潮文庫）より

けれどもほんとうのさいわいは
一体《いったい》何《なん》だろう。

宮沢賢治

詩人、童話作家。1896生-1933没。農学校教師をしながら、東北の自然や生活を題材に詩や童話を書いた。詩集『春と修羅』、童話集『注文の多い料理店』を自費出版するが生前は評価されず、没後、草野心平らに見出され広く知られることとなった。

宮沢賢治は、本当の幸福とは何かを考え続けた人です。思想の根幹には**「世界がぜんたい幸福にならないうちは個人の幸福はあり得ない」**（『農民芸術概論綱要』）**という考え方があり、自分よりもみんなの幸福を思って生きました。**

「けれどもほんとうのさいわいは一体何だろう。」は『銀河鉄道の夜』の中で主人公のジョバンニが言った言葉です。死者たちを乗せて銀河を走る鉄道。悲しみの空間の中でジョバンニは人の幸福のために何ができるかと考え、そして本当の幸福とは何か考えるのです。

ジョバンニと親友カムパネルラは、事故で沈んでしまった船に乗っていた姉弟と、家庭教師の青年に出会います。彼らは他の子たちに救命ボートを譲ったために、助からなかったのでした。その話を聞いて、ジョバンニはつらく申し訳ないような気持ちになります。

世界ぜんたいの幸福に自分が深く関わっていると感じるジョバンニは、あらゆることに対して心を痛めるのです。

燈台守《とうだいもり》はこうなぐさめました。「なにがしあわせかわからないです。ほんとうにどんなつらいことでもそれがただしいみちを進む中でのできごとなら峠の上りも下りもみんなほんとうの幸福に近づく一あしずつですから。」

ジョバンニは自己犠牲的に人の幸福を考え、それを口にしますが、同時にどうしても自分中心に考えてしまう面も持っています。船の事故に遭った姉のかおる子とカムパネルラが楽しそうに話しているのに嫉妬《しっと》し、つらく感じたりします。そして、もっと大きな心を持たなければと考えます。高邁《こうまい》な精神を持ちながらも、現在のごく身近なことに煩《わずら》わされてしまう葛藤があるのです。

賢治自身も、人の幸福のために生きたいと強く思いながら、自分の生活のあれこれに煩わされていることに自責の念を持っていました。生活のためにはお金が必要だし、病弱な体質をどうにもできないという現実に葛藤していました。

かおる子は蠍《さそり》の火の話をします。蠍がいたちに食べられまいと逃げて井戸に落ちたとき、蠍は、自分はたくさんの虫の命を奪ってきたのに、いたちには自分の命をくれてやらなかったと悔やみます。そして神様に「この次にはまことのみんなの幸のために私のからだをおつかい下さい。」と言って、真っ赤な美しい火になったという話です。

ジョバンニは「僕はもうあのさそりのようにほんとうにみんなの幸のためならば僕のからだなんか百ぺん灼《や》いてもかまわない。」と言い、それから「けれどもほんとうのさいわいは一体何だろう。」と言うのです。

ほんとうのさいわいは、ジョバンニにもカムパネルラにもわかりません。わからないけれど、ジョバンニは「しっかりやろうねえ。」と決意します。ジョバンニは鉄道に乗っていた人の中で唯一、生きています。生きて、「しっかりやろうねえ」ということなのです。他人の幸福のために自己を犠牲にした人たちが多く登場する一方、**葛藤を抱えながらも「生きている」ジョバンニに可能性が託されています。**

本当の幸福とは何か、定義づけることはできません。良いことばかりがあるわけではなく、つらいことも悲しいこともある。悲しみも心の地層に積み重ねながら、本当の幸福を考え続け、少なくともそこへ向かおうとすることが大切だと賢治は考えていたのでしょう。

そのとき精一杯の「ほんとうのさいわい」に向かおう

『銀河鉄道の夜』は賢治が長年をかけて推敲《すいこう》を繰り返していたことでも有名です。1924年頃から書き始めて改稿を続け、死後に未完成の草稿が発見されました。作品として世に出たのは1934年です。『宮沢賢治全集』（文圃堂）に初めて掲載されました。未完成の作品とはいえ、壮大で幻想的な世界観はいまも多くの人を魅了し続けています。

この『銀河鉄道の夜』の世界観にも大きく影響していると思われるのが、賢治の最大の理解者であった妹トシ（とし子）の死です。トシは病気のため24歳の若さで亡くなり、賢治は悲しみにくれました。

「永訣《えいけつ》の朝」は、トシが亡くなる日の朝のことを描いた詩です。詩の中で、トシは賢治に外のみぞれをお椀に入れて持ってきてほしいと頼みます。それは、**トシが賢治の幸せを思って言った言葉でした。死にゆく自分のために何かすることで、賢治は幸せな気持ちになれるのだと知っていたのです。**

まさに死に直面しているわけですから、幸福とは言い難いですが、それでもそういう瞬間にさえ「ほんとうのさいわい」はあります。**そのとき精一杯の「ほんとうのさいわい」を考え、そこに向かおうとする。**そしてその瞬間のことは、永遠に残るのです。

人が「しないではいられないこと」とは

賢治の短編に「学者アラムハラドの見た着物」という作品があります。学者アラムハラドが子どもたちに向かって「鳥が飛ばずにはいられず、魚が泳がないでいられないように、人がしないでいられないことは何だろう」と問いかけます。

いくつかの答えのあと、一人の子が「いいことをしないではいられないと思う」と答えると、アラムハラドは「それを言おうと思っていたのだ」と話します。

しかし、セララバアドという子が何か言いたそうにしている。そこで聞いてみると、「人はほんとうのいいことが何だかを考えないでいられないと思います」と答え、アラムハラドは唸《うな》ります。

そして、他の子たちにも「人生という険しい道を通るとき、善を求めること、そして本当の道を考えることの2つを忘れてはいけない」と説くのです。人のためにと思い、良かれと思って何かするときも、本当のいいこととは何かを考える視点が抜け落ちていたら、良い結果にならないかもしれません。**幸福のために思ってする行動も、本当の幸福とは何か考えていなければ、かえって不幸になるかもしれない**のです。

「けれどもほんとうのさいわいは一体何だろう。」という言葉は、人生の道で少しでも正しい方向へ向かおうとすることを助けてくれます。立ち止まって本当の幸福に照らしてみれば、「こっちの道は間違いだ」と気づくこともあるでしょう。

落ち込んでいるときも、「けれどもほんとうのさいわいは一体何だろう」と自分に問い直してみると「そうか、いまとらわれていた思いは、本当の幸福とは関係ないか」と思えるかもしれません。

人生の道を進む伴侶にしたい名言です。

おわりに　――「マイ名言」の増やし方――

宮沢賢治は「からだに刻んで行く勉強」が大事だと言いました。頭や心ではなく、「からだ」というところが賢治らしい。身体に刻むように、自分と一体となるように覚えた言葉は自分の中に生き続け、長期的に支えてくれます。

身体に言葉を刻むには、まず声に出して読むことです。

声に出すということは、口を動かし、息を出し、音を耳で聞くことになります。身体を使うことで、その言葉がしっかり身につくのです。実際、黙読するより脳が活性化し、記憶にも残りやすいという研究結果もあります。

そのときのコツは、情感を込めることです。

水木しげるの「なまけ者になりなさい。」は、のんびりと、かつ好奇心に真っすぐな感じを意識して言ってみる。

宮本武蔵の「遠き所を近く見、ちかき所を遠く見る事」は、刀を持った武蔵になったつもりで、構えながら言ってみる。

自分なりのイメージでかまわないので、少々大げさなくらいに情感を込めて言うとインパクトが出ます。**「読んでいる」というより、「体験している」感覚**になります。


「声に出して読む」の次は、暗唱すること。


覚えてしまって、そらで言えることが大事です。

かつて日本で行われていた素読《そどく》は、先人の知恵が自然と身体に刻まれていく素晴らしさがありました。そのときは意味がよくわからなくても、身体に刻まれていると、あるとき「こういうことだったのか」と気づく。そしてことあるごとに判断を助けてくれる。偉大な先生から常にアドバイスをもらえるようなものです。

先行き不透明で、ロールモデルも見つけにくい現代ですが、**先人たちのアドバイスが自分に刻まれていると考えるとなんとも頼もしい**感じがします。

本書で紹介した名言は、どれも本質的で暗唱しやすく、覚えておいて損はありません。ぜひ自分のものにして「マイ名言」に加えてほしいと思います。

そして、**どんどん使ってください。**福沢諭吉が言うように、「活用なき学問は無学に等し」です。雑談の中に引用して織り込むことができると、「教養のある人」になれます。自分の言葉にも説得力が出ますし、聞き手にとっても知的な刺激のある会話となりますからいいことづくめです。

ただし、文脈に沿っていないと残念なことになりますのでご注意を。「関係ないけど、誰々がこう言っていたんだって。はいおしまい」というのでは名言のパワーも活かせません。

その場の文脈に合わせて自在に名言を取り出し、それをはさんで会話をつなげるようになったら、かなりの熟練者ですが、そこに至るまでには練習も必要です。宮本武蔵も鍛錬を強調しているように、何事も練習して上達していくのです。

さらに名言に出合い、「マイ名言」を増やしていくカギは、読書の仕方にあります。「自分の血となり肉となり、支えてくれる言葉に出合うのだ」という意識で本を読むのです。**これはという言葉に出合ったら、グルグルと囲ったりマーカーを引いたりして際立たせます。**近頃は線を引きながら本を読む人が減っているように感じますが、それも「自分の血肉にしたい」というような意識が薄れているからかもしれません。

手帳やノートにメモをするのもいいでしょう。いずれにせよ、「あ！」という瞬間にすかさず言葉をとらえることが重要です。あとから「いいこと書いてあったな」と思い出そうとしても、だいたいは忘れてしまいます。

名言への意識が高まると、**漫画を読んでいても、映画やドラマを見ていても「これは」という言葉に出合うと思います。それもメモ。**しっかりつかまえて「マイ名言」にしてしまいましょう。古典だけでなく、いまの時代を生きている言葉というのもあります。古くから受け継ぐ精神も、いまを共有する精神もどちらも心の支えになるのです。

このようにして**名言力を高めていくと、自分の心を支えるのはもちろん、悩んでいる人の心を支える手助けもできるようになる**でしょう。言葉のプレゼントをして、喜んでもらうのです。

それは先人たちの名言の引用かもしれないし、オリジナルの言葉かもしれません。そう考えるとさらにワクワクしてこないでしょうか。

本書を手掛かりの一つにして、名言力を高めていただければ幸いです。

齋藤孝

100年後まで残したい
日本人のすごい名言

発行日　2019年7月26日　第1刷

著者　齋藤 孝

本書プロジェクトチーム
編集統括　柿内尚文
編集担当　小林英史、菊地貴広
編集協力　根村かやの、小川晶子
デザイン　轡田昭彦＋坪井朋子
校正　柳元順子

営業統括　丸山敏生
営業担当　熊切絵理
プロモーション　山田美恵、林屋成一郎
営業　増尾友裕、池田孝一郎、石井耕平、大原桂子、桐山敦子、綱脇愛、渋谷香、寺内未来子、櫻井恵子、吉村寿美子、矢橋寛子、遠藤真知子、森田真紀、大村かおり、高垣真美、高垣知子、柏原由美、菊山清佳

編集　舘瑞恵、栗田亘、村上芳子、堀田孝之、大住兼正、千田真由、生越こずえ、名児耶美咲
講演・マネジメント事業　斎藤和佳、高間裕子、志水公美
メディア開発　池田剛、中山景、中村悟志
マネジメント　坂下毅
発行人　高橋克佳

発行所　株式会社アスコム

〒105-0003
東京都港区西新橋2-23-1　3東洋海事ビル
編集部　TEL：03-5425-6627
営業部　TEL：03-5425-6626　FAX：03-5425-6770

印刷・製本　中央精版印刷株式会社

Printed in Japan ISBN 978-4-7762-1051-1